戦略の業績評価システム

奥 倫陽——［著］

専修大学出版局

まえがき

　本書は，戦略を実現するための戦略的業績評価システムの構築を目的として記述したものである。組織が持続的に発展していくためには，戦略を効果的かつ効率的に実現することが求められる。戦略の実現度合いを写し出す手段として，戦略を対象とした戦略的業績評価システムに焦点を当てている。

　読者の方には，業績評価システムと聞くと人事評価や報酬制度を連想される方も多いだろう。むしろ，こちらの方が一般的かもしれない。戦略の実現度合いによって，報酬が決まるという関係が構築できればベストであるのは間違いない。しかし，戦略実現のプロセスはしばしば機能横断的であり，その業績を個人レベルの人事や報酬に結び付けることが難しい。戦略と人事や報酬のリンクは今後の研究課題であることは間違いないが，戦略の実現の方がより重要であると考えている。したがって，本書では，あくまでも戦略の実現に焦点をあてていることをご承知いただければ幸いである。

　戦略的業績評価システムを構築するには，組織がビジョンに従った戦略を構築しているという前提がある。戦略がなければ，業績評価する対象がないため戦略的業績評価システムを構築できないからである。今日まで戦略について，多種多様な議論がなされてきている。これは戦略論という学問分野が拓かれていることからも自明である。これらの優れた研究成果によって，今日では戦略が企業価値創造に貢献するということが認知されるようになったといっても過言ではないだろう。企業価値の高い企業がどのような戦略をとっているのか，どのような戦略が企業価値を創造するのかという社会全体のニーズに応えるものであるといえる。しかし，実際に組織の中で戦略実現をマネジメントしようとするとそれを実現するシステムを構築しなければならない。優れた戦略であ

ればあるほど，それを実現できない機会損失は多大なものとなる。戦略的業績評価システムの役割は，戦略を実現できないことによる機会損失を回避すべく，戦略実現を支援するものでなければならない。

戦略的業績評価システムによって戦略実現を支援するには，戦略がうまくいっているか，そうでないかを客観的に評価できるようにすることが必要である。この業績評価によって，戦略実現がなされていないようならば，戦略的なアクション・プランを見直すことができる。また，その業績評価の結果を継続的に可視化することで組織全体に戦略への関心を高めさせ，戦略の修正を促したり，新たな戦略を構築するときの情報提供という役割も必要である。本書ではこのような役割をもった戦略的業績評価システムを全社的にいかに構築すべきかを研究している。

戦略的業績評価システムの構築は，とりわけ，日本企業において急務であると考えられる。バブル経済崩壊後のデフレーション，少子高齢化による労働力人口の低下，米国のサブプライムローン問題に端を発した金融危機など必ずしも日本経済の将来に手放しで自信を持てる状況ではない。他方で，新興国は猛烈なスピードで先進国にキャッチ・アップしてきている。結果として，日本企業の相対的な競争力が低下してしまっている。日本経済が下降線をたどっていけば，誰が将来の国民を支えるのかという問題がある。また，現状は国際社会に貢献する立場にあるのかもしれないが，貢献される立場になることも否定できない。それは，国際社会全体にとってもマイナスである。日本企業が一刻も早く国際競争力を取り戻さなければならない。限られた経営資源の中で競争優位を構築するための戦略が必要であるし，そのための戦略的業績評価システムが果たす役割も大きいと確信している。

謝辞

本書は，専修大学に提出した博士論文に加筆修正したものである。本書の執筆にあたり指導教授である専修大学商学部の伊藤和憲教授には言葉に到底表せないくらい深く感謝している。今思えば伊藤先生とお会いできたことが，筆者

にとってそれ自体が奇跡だったように思える。筆者の学部時代から莫大な時間と労力をかけてご指導してくださった。筆者も職に就き学生時代のようにお会いできる時間も少なくなってしまったが，ご指導いただいたことの意味の大きさを改めて痛感させられる日々である。伊藤先生から学んだ数多くのことを次の世代に伝えていくことが今後の筆者の役割であると考えている。

　博士課程1年生のときに，当時専修大学に在職されていた櫻井通晴教授（城西国際大学，専修大学名誉教授）にゼミへの参加を許していただき管理会計を勉強させていただいた。この1年間は筆者にとって非常に有意義なものであった。櫻井先生には，深く感謝申し上げる。博士論文審査のときには，専修大学商学部の上田和勇教授，奥村輝夫教授，渋谷武夫教授，柳裕治教授，同経営学部の青木章通准教授に貴重な意見をいただいた。記して感謝申し上げる。また，研究会を通して，奥村裕一教授（東京大学），志村正教授（文教大学），岩渕昭子教授（東京経営短期大学），新江孝教授（日本大学），伊藤克容教授（成蹊大学），田坂公准教授（共栄大学），山田義照准教授（玉川大学），岩田弘尚准教授（専修大学），大西淳也先生（財務省），谷守正行先生（りそなHD），松村広志先生（(株)情報通信総合研究所）には，貴重なアドバイスとご指導いただくとともに，いつも励まされた。心よりお礼申し上げたい。さらに，小酒井正和准教授（玉川大学）には，内容の詳細なチェックをお願いし，ご指導いただいた。小酒井先生のお力添えがなければ，本書を書きあげることはできなかった。深く感謝申し上げる。

　なお，本書の刊行にあたっては，平成21年度専修大学課程博士論文刊行助成をいただいた。出版にあたってご尽力いただいた大学関係者のみなさまには，心より感謝申し上げる。最後に，出版に関して専修大学出版局の川上文雄氏には感謝申し上げる。

2010年1月

奥　倫　陽

目次

まえがき

序章 3

はじめに *3*

1. 戦略的業績評価システム *4*
2. アラインメント構築 *5*
   - 2.1 アラインメント *5*
   - 2.2 アラインメント構築の意義 *6*
3. 本書の特徴 *8*
   - 3.1 戦略的業績評価システムの比較検討 *8*
   - 3.2 3つの戦略 *9*
   - 3.3 アラインメント構築 *9*
4. 本書の構成 *10*

第1章　戦略的業績評価システムの特徴 13

はじめに *13*

1. 分析フレームワーク *14*
   - 1.1 マッキンゼーの7S *14*
   - 1.2 ハードの3S *16*

2. 戦略的業績評価システムのタイプ　17
　　2.1　機能戦略のための戦略的業績評価システム　18
　　2.2　事業戦略のための戦略的業績評価システム　20
　　2.3　企業戦略のための戦略的業績評価システム　24
　3. 戦略的業績評価システムとコントロール・ステップ　28
　　3.1　測定対象　28
　　3.2　尺度　31
　　3.3　目標値　32
　　3.4　戦略的業績評価システムの特徴　33
　まとめ　35

第2章　戦略的業績評価システムの今日的課題 ……… 37

　はじめに　37
　1. 経営環境の変化における戦略の役割期待　38
　　1.1　経済のグローバル化　38
　　1.2　顧客ニーズの多様化　39
　　1.3　情報化社会への移行　40
　　1.4　戦略への役割期待　41
　2. 戦略的業績評価システムの要件　42
　　2.1　市場志向の業績評価システム　43
　　2.2　戦略コントロールのための業績評価システム　44
　　2.3　インターラクティブ・コントロール・システム　45
　3. 戦略的業績評価システムの検討課題　46

3．1　企業戦略のための戦略的業績評価システム　47

　　　3．2　事業戦略のための戦略的業績評価システム　48

　　　3．3　機能戦略のための戦略的業績評価システム　50

　まとめ　51

第3章　シナジー評価のための戦略的業績評価システム　55

　はじめに　55

　1．シナジー創造のための企業戦略の役割　56

　2．シナジー創造のための組織間の連携と評価　57

　　　2．1　組織間の連携　58

　　　2．2　組織間の連携によるシナジー評価　60

　3．組織間の連携における事前評価，プロセス評価，事後評価　61

　　　3．1　シナジーの事前評価　61

　　　3．2　シナジーのプロセス評価　63

　　　3．3　シナジーの事後評価　65

　4．シナジー創造のための戦略的業績評価システム　66

　まとめ　68

第4章　競争優位構築のためのインタンジブルズ評価　71

　はじめに　71

　1．インタンジブルズの戦略的管理　72

　2．BSCによるインタンジブルズ評価　73

3. インタンジブルズのタイプによる評価方法　*74*

　3.1　戦略目標タイプのインタンジブルズ評価　*74*

　3.2　戦略テーマ・タイプのインタンジブルズ評価　*78*

　3.3　企業価値タイプのインタンジブルズ評価　*80*

4. インタンジブルズ評価のための戦略的業績評価システム　*82*

　4.1　戦略目標間のアラインメントの課題　*82*

　4.2　BSCによるインタンジブルズ評価の意義　*83*

　4.3　企業価値創造のためのインタンジブルズ評価　*84*

まとめ　*86*

第5章　IT組織のための戦略的業績評価システム *89*

はじめに　*89*

1. 戦略とIT組織　*90*

2. IT組織の戦略的役割　*91*

3. IT組織の戦略的役割と戦略的業績評価システム　*93*

　3.1　戦略実行タイプ　*93*

　3.2　戦略支援タイプ　*96*

　3.3　業務革新タイプ　*98*

4. IT組織のための戦略的業績評価システム　*99*

　4.1　IT組織と戦略的業績評価システムの関係　*99*

　4.2　戦略的業績評価システムの役割　*102*

　4.3　SLA　*103*

まとめ　*104*

第6章　製品開発戦略における戦略的業績評価システム 105

はじめに　*105*

1. 製品開発戦略における原価企画の役割　*106*
2. 原価企画の関連組織　*107*
3. 製品開発戦略における戦略的業績評価システム　*112*
   - 3.1 事業組織の戦略的業績評価システム　*112*
   - 3.2 サプライヤーの戦略的業績評価システム　*115*
   - 3.3 原価企画担当組織の戦略的業績評価システム　*116*
   - 3.4 本社の戦略的業績評価システム　*120*
4. 製品開発戦略における戦略的業績評価システムの役立ち　*122*
   - 4.1 原価企画におけるアラインメント構築の意義　*123*
   - 4.2 アラインメント構築における戦略的業績評価システム　*124*

まとめ　*126*

結章 127

補論　BSCと戦略的業績評価システム 133

はじめに　*133*

1. バランスト・スコアカードの概要　*134*
2. BSCの特徴　*138*

3．戦略的業績評価システムとしてのBSC　*139*

　3．1　市場志向のBSC　*139*

　3．2　戦略コントロールのためのBSC　*140*

　3．3　インターラクティブ・コントロール・システムとしてのBSC　*141*

まとめ　*141*

主要参考文献 **143**

図表目次

図表序1　本書の構成　*10*

図表1.1　マッキンゼーの7S　*15*
図表1.2　事業部制組織と戦略の関係　*17*
図表1.3　SLAに基づく業績評価システム　*19*
図表1.4　レディネス評価　*22〜23*
図表1.5　アラインメント・チェックポイント　*26〜27*
図表1.6　戦略のシングル・ループ学習　*30*
図表1.7　戦略のダブル・ループ学習　*30*
図表1.8　戦略的業績評価システムの特徴　*34*

図表3.1　アラインメント・チェックポイント　*59*
図表3.2　戦略計画におけるシナジーの評価　*62*
図表3.3　アラインメント評価　*64*
図表3.4　シナジーの事後評価　*66*
図表3.5　M&Aの効果測定に関する調査　*70*

図表4.1　人的資産のレディネス評価　*76〜77*
図表4.2　戦略テーマ・タイプの業績評価　*79*
図表4.3　コーポレート・レピュテーションと戦略マップ　*81*

図表5.1　戦略整合モデル　*92*

図表5.2　戦略実行タイプの戦略的業績評価システム　*94*

図表5.3　BSCの視点　*95*

図表5.4　情報資産ポートフォリオによるレディネス評価　*97*

図表5.5　業務革新タイプの業績評価システム　*100〜101*

図表6.1　原価企画の発展アプローチ　*108〜109*

図表6.2　原価企画の関連組織　*111*

図表6.3　原価企画におけるBSC　*113*

図表6.4　サプライヤー・スコアカード　*116*

図表6.5　ゼクセルにおける企画管理部の役割　*117*

図表6.6　レディネス評価　*119*

図表6.7　ゼクセルの原価企画部の役割　*121*

図表 補1　ある航空会社のBSC　*136〜137*

戦略の業績評価システム

序章

はじめに

　企業価値創造のためには，戦略をいかに管理するかがその成否を握っている。戦略とは将来のビジョンを達成するための方策である。戦略がなければ，何に経営資源を集中してよいかもわからず，ただ目の前にある業務活動を総花的にこなすだけだろう。総花的な活動は，結果として，限られた経営資源の浪費につながる。戦略を明らかにすることで，ビジョンの達成に必要とされる経営活動や経営資源の選択と集中ができる。

　一方で，経営環境は，経済のグローバル化，顧客ニーズの多様化，高度情報化社会への移行といったようにダイナミックに変化し，将来に対する不確実性が高まっている。このような経営環境の変化が原因となり，これまでの戦略がうまくいったからといっても，いつまでうまくいくかわからなくなってしまった。経営環境が変化しているのだから現状を綿密に分析して戦略を計画したところで，計画通りに実行できるとも，期待通りの結果が生まれるとも限らない。逆に，過去に上手くいった戦略や綿密に計画された戦略に縛られることで，創造的で挑戦的な活動が阻害され，企業の長期的な発展や存続を危うくするかもしれない。戦略は，経営環境の変化に対応しなければならない。戦略を経営環境の変化に対応させるには，戦略が実現されているかを評価する必要がある。つまり，そのためのシステムとして戦略的業績評価システムを構築する必要がある。

　経営環境の変化に対応させるために，戦略的業績評価システムには，戦略とその背後にある経営環境との間で一貫性を持つことが求められる。本書は，経営環境，戦略と一貫性を持った戦略的業績評価システムをいかに構築すべきかを研究する。

本章では，第1節で，戦略的業績評価システムとは何かを明らかにする。経営環境，戦略と一貫性を持った戦略的業績評価システムを構築するには，その前提としてアラインメントを構築する必要があると考えている。第2節では，アラインメントとは何かを明らかにし，その意義を明らかにする。第3節では，本書の3つの特徴を明らかにする。第4節では，本書の目的と構成を明らかにする。

1. 戦略的業績評価システム

　戦略的業績評価システムと一言でいっても，その定義に関して見解の一致をみていない。したがって，本節では本書における戦略的業績評価システムを明らかにする。詳細は第2章で明らかにするが，経営環境の変化に対応するための戦略的業績評価システムには，3つの要件を満たす必要があると考えられる。3つの要件とは，①市場志向であること，②戦略コントロールを支援すること，③インターラクティブ・コントロール・システムとして成立することである。また，本書では戦略的業績評価システムをマネジメント・コントロール・システムのサブ・システムと位置づけている。マネジメント・コントロール・システムとは，組織目的の達成のために，経営者が効率的かつ能率的な資源の取得・利用を確保するシステムである（Anthony, 1965）。戦略的業績評価システムにおける組織目的とは戦略の実現である。

　伝統的なマネジメント・コントロール・システムには，予算管理を中核とする責任会計システムがある（櫻井，2009）。具体的に言えば，予算管理では，戦略に従って中長期計画を策定し，予算を編成する。そして，活動から生じる財務業績を測定し，予算との差異を分析・評価し，予算や業務活動にフィードバックする。予算管理は，マネジメント・コントロール・システムの役割を備えていると同時に，業績評価システムとしての役割も備えている。本書では，予算管理のような責任会計に基づく業績評価システムを伝統的な業績評価システムと呼称する。伝統的な業績評価システムは，財務尺度による人や組織を対象とした事後コントロールを志向している（Kaplan and Norton, 1992）という

特徴がある。

　伝統的な業績評価システムに対して，新たなマネジメント・コントロール・システムとしてバランスト・スコアカード (Balanced Scorecard; BSC) がある。キャプランとノートン (Kaplan and Norton, 1992) によれば，BSCは財務・非財務の尺度による組織の壁を越えた戦略志向の業績評価システムである。そしてBSCも，伝統的な業績評価システムと同様に，戦略に従った業績評価システムである。伝統的な業績評価システムと戦略的業績評価システムの違いは，戦略的業績評価システムに必要な3つの要件をすべて満たした業績評価システムか否かある。たとえば，戦略的業績評価システムとしてBSCは，補論で明らかにしているように，3つの要件をすべて満たしていると考えられる。

2. アラインメント構築

　戦略的業績評価システムには，アラインメントの構築に貢献することが求められる。アラインメントを構築しなければ，効果的で効率的な戦略の実現ができないからである。本節では，アラインメントとは何かを明らかにする。また，なぜアラインメントを確保することが必要なのかを明らかにする。

2.1 アラインメント

　アラインメント (Alignment) は，一般的な意味として，連携，関連，提携，整合性をさす。本書におけるアラインメントは，戦略実現に必要な3つの意味のアラインメントを総称して呼称する。すなわち，戦略実行のアラインメント，戦略目標間のアラインメント，組織間のアラインメントである。

　3つのアラインメントは，キャプランとノートンによる一連のBSCの研究に基づいている。アラインメントは，BSCの研究成果をまとめた5冊の著書で明らかにすることができる (Kaplan and Norton, 1996; 2001; 2004; 2006; 2009)。

　第1に，戦略実行のアラインメントとは，戦略から尺度，目標値，戦略的実施項目に落とし込まれていることである。戦略実行のアラインメントを構築し

なければ，たとえ優れた戦略であっても戦略を実現することはできない。なぜなら，戦略が実現されているかを客観的に判断するには，尺度と目標値が戦略から落とし込まれて設定される必要があるからである。同時に，戦略を実現するような戦略的実施項目に基づいた活動がなければ，戦略は単に絵に描いた餅となってしまう。

第2に，戦略目標間のアラインメントとは，外部環境，マネジメント・プロセス，経営資源が戦略へ方向づけられていることである。戦略目標間のアラインメントを構築しなければ，効果的な戦略実行をすることはできない。たとえば，優れた人材，設備などの経営資源があっても，マネジメント・プロセスがうまく構築されていなかったり，提供する製品やサービスが顧客にとって価値がなければ，企業価値を高めることができないからである。

第3に，組織間のアラインメントとは，組織間の連携がとられていることである。組織間のアラインメントを構築しなければ，全社的な戦略実行を効果的に行うことはできない。たとえば，ある組織が優れた戦略を実行したとしても，その組織の戦略実行が他の組織の戦略に悪影響を与えるならば，企業価値を毀損してしまうからである。逆に，組織間のアラインメントを適切に構築することで，1組織では成しえなかったシナジーを創出することによる企業価値創造も期待できる。

2.2 アラインメント構築の意義

アラインメントに限らず，戦略に対して整合性や連携を図る重要性は指摘されてきた。たとえば，SWOT分析における自社の能力と経営環境の整合性，ポーター（Porter, 1996）が明らかにした戦略的フィット（strategic fit），コリスとモンゴメリー（Collis and Montgomery, 1998）が明らかにした外部一貫性と内部一貫性が挙げられる。

SWOT分析では，自社の能力として強み（Strength）および弱み（Weakness）を識別する。また，経営環境として機会（Opportunity）および脅威（Threat）を識別する。さらに，経営環境と自社の能力間の整合性を検討することで，戦略策定できる。優れた戦略には，これら4つの要素間の組み合わせに整合性が

確保されていることが望ましいとされる。SWOT分析に限らず，戦略には，経営環境へ自社の能力を適合させる役割が必要である（伊丹，2003）。

ポーター（Porter, 1996）は，戦略の本質は戦略的フィットを確保して競争優位を構築することであると指摘している。戦略的フィットとは，複数の活動間を矛盾なく関連づけ，その関連づけを強めることである。複数の活動を関連づけることで，競争相手が自社の活動を部分的に模倣したとしても，競争相手は，模倣した活動と他の活動とに矛盾を生じさせてしまう。結果として競争相手が模倣できないことで，自社の競争優位が確保されることになる。

コリスとモンゴメリー（Collis and Montgomery, 1998）は，戦略には内部一貫性と外部一貫性を確保する必要があると指摘している。内部一貫性とは，企業内で，ビジョンに基づいて，企業の目的と目標，経営資源，事業群，組織構造，システムとプロセスの要素間の依存関係を構築し，その関係を強化することである。外部一貫性とは，市場や社会との外部環境に対して，企業が適応することである。内部一貫性と外部一貫性を確保してはじめて，企業優位を確保できる。

SWOT分析の外部環境と自社の能力との整合性，戦略的フィットおよび内部一貫性と外部一貫性は，アラインメントを構築するときでも検討されなければならない。SWOT分析による外部環境と自社の能力との整合性については，戦略目標間のアラインメントを構築するときに検討できる。たとえば，BSCでは，顧客の視点に社外の市場や顧客を反映した戦略目標が記述される。また，内部プロセスおよび学習と成長の視点では，自社の能力を反映した戦略目標が記述される。戦略マップで，戦略目標間の因果関係を可視化することで，外部環境と自社の能力の整合性を検討できる。

戦略的フィットは，戦略目標間のアラインメントと戦略実行のアラインメントとを構築するときに検討できる。たとえば，BSCでは，戦略目標間のアラインメントを構築するときに，外部環境，マネジメント・プロセス，経営資源の戦略への方向づけを検討できる。また，戦略実行のアラインメントを構築するときに，因果関係が構築された戦略に従った戦略的実施項目が設定され，業務活動に落とし込まれているかを検討できる。

内部一貫性と外部一貫性は，3つのアラインメントを同時に構築するときに

検討できる。内部一貫性は，組織間の連携，戦略への方向づけ，戦略実行のための落とし込みという3つのアラインメントを構築するときに検討できる。外部一貫性も，戦略目標間のアラインメントを構築するときに検討できる。

SWOT分析における経営環境と自社の能力の整合性，戦略的フィットおよび内部一貫性と外部一貫性の確保は重要である。このような概念は，戦略を実現するために役立つ。しかし，その実現にはそのためのシステムが必要である。アラインメントの概念は，BSCというマネジメント・システムの発展とともに，明らかにされてきたという特徴がある。戦略的業績評価システムでアラインメントを構築することは，概念でとどめることなく，実際の実務への適用可能性という点から有効であると考えられる。

3. 本書の特徴

本書には少なくとも3つの特徴がある。第1に，戦略的業績評価システムと伝統的な業績評価システムを比較検討していることである。第2に，戦略を企業戦略，事業戦略，機能戦略という3つの戦略に分類して戦略的業績評価システムを検討していることである。第3に，アラインメントの構築に貢献することを目的としていることである。

3.1 戦略的業績評価システムの比較検討

予算管理のような伝統的な業績評価システムも，BSCのような戦略的業績評価システムも，戦略に関連した業績評価システムという点では同様である。予算管理は，すでに多くの企業が導入している（柴田・熊田，1988）。BSCも，近年，導入している企業が多いという調査結果が明らかにされている（Kaplan and Norton, 1999）。伝統的な業績評価システムだけで事足りるならば，あえて戦略的業績評価システムを取り上げる必要もないだろう。しかし，実際には業績評価システムが予算管理のような伝統的な業績評価システムだけでなく戦略的業績評価システムへと拡張してきている。本書では，戦略的業績評価システ

ムを伝統的な業績評価システムと比較して，その特徴の比較検討をおこなう。

3.2 3つの戦略

　戦略は，企業戦略，事業戦略，機能戦略（機能別戦略）という3つの戦略からなる。それぞれの戦略で関連する組織や役割期待が異なるのは明らかである。これらの戦略によって実現の方法も異なる。たとえば，機能戦略を管理する経理，人事，ITを担当するような機能組織において，その顧客は本社や事業組織といった内部顧客である。機能組織は，組織単体でみるとそれ自体に価値はなく，内部顧客の戦略を支援して企業価値に貢献する。機能組織は，責任会計上，一般的にコスト・センターとして位置づけられる。機能組織の戦略支援という役割をコスト面だけで評価することは難しい。したがって，プロフィット・センターである事業組織と同様な業績評価を行うことは適当ではない。そこで，本書では，戦略を3つに分類して，それぞれの戦略に従った戦略的業績評価システムを検討する。

3.3　アラインメント構築

　前述したように戦略を実現するには，戦略実行のアラインメント，戦略目標間のアラインメント，組織間のアラインメントという3つのアラインメントを構築しなければならない。本書では，3つのアラインメントを構築するために戦略的業績評価システムがいかに貢献するのかを検討する。

　アラインメントを構築する場合でも，企業戦略，事業戦略，機能戦略という戦略によって，アラインメントを構築する方法も異なると考えられる。したがって，3つの戦略に基づいたアラインメント構築に貢献するための戦略的業績評価システムのあり方を検討する。

4. 本書の構成

経営環境の変化に対応するための戦略的業績評価システムをいかに構築すべきかを明らかにし，アラインメント構築における戦略的業績評価システムのあり方を究明することが本書の狙いである。戦略的業績評価システムを構築する前提として，第1章では，戦略的業績評価システムと伝統的な業績評価システムを比較し，それぞれ特徴を明らかにする。戦略的業績評価システムの検討にあたっては，ハードの3Sである戦略，組織，システムという観点とコントロール・ステップという観点で明らかにする。

第2章では，経営環境の変化と戦略という観点で，戦略的業績評価システムに求められる要件を明らかにする。また，経営環境の変化に対応した戦略的業

図表 序1　本書の構成

```
┌─────────────────────────────────────┐
│   第1章　戦略的業績評価システムの特徴   │
└─────────────────────────────────────┘
                  ↓
┌─────────────────────────────────────┐
│   第2章　戦略的業績評価システムの今日的課題   │
└─────────────────────────────────────┘
                  ↓
┌─────────────────────────────────────┐
│   3つの戦略における戦略的業績評価システム   │
│         ⎛    第3章　企業戦略    ⎞         │
│  ⎛ 第4章　事業戦略 ⎞⎛ 第5章　機能戦略 ⎞  │
└─────────────────────────────────────┘
                  ↓
┌─────────────────────────────────────┐
│ 第6章　製品開発戦略における戦略的業績評価システム │
└─────────────────────────────────────┘
```

績評価システムを構築するための検討課題を明らかにする。

　第3章，第4章，第5章では，企業戦略，事業戦略，機能戦略という3つの戦略で，第2章で明らかにした検討課題を検討する。第3章では，企業戦略に関する課題に対して，組織間の連携によるシナジー評価を体系化して検討する。第4章では，事業戦略に関する課題に対して，BSCによるインタンジブルズの業績評価を体系化して検討する。第5章では，機能戦略に関する課題に対して，IT組織の戦略的役割に基づいた戦略的業績評価システムについて検討する。

　第6章では，企業戦略，事業戦略，機能戦略という3つの戦略を包括して，アラインメント構築のための戦略的業績評価システムの役立ちを検討する。検討にあたっては，製品開発戦略を取り上げ，その戦略を管理するための管理会計手法である原価企画活動を中心に検討する。

　結章では，本書をまとめる。これら各章の関係を，図表 序1に示す。また，補論として，本書が戦略的業績評価システムの中心としてとらえられているBSCの概要とその特徴を明らかにした。

第1章　戦略的業績評価システムの特徴

はじめに

　企業価値創造には，優れた戦略を策定するだけでなく，戦略を実行し実現しなければならない。効果的な戦略実行には，ビジョンに従った戦略が実現されているかを業績評価しなければならない。つまり，戦略的業績評価システムが必要である。

　管理会計では，伝統的なマネジメント・コントロール・システムとして責任会計に基づくマネジメント・コントロール・システムが有効とされてきた（櫻井，2009）。代表的なマネジメント・コントロール・システムには，予算管理がある。予算管理における業績評価では，まず，戦略に従った予算に対して実績値を測定する。次に，予算と実績値を比較して業績評価する。さらに，原因を分析して，是正措置を行い，予算を修正する。予算管理のような伝統的な業績評価システムは，財務尺度による人や組織を対象とした，事後コントロール志向の業績評価システムである（Kaplan and Norton, 1992）。伝統的な業績評価システムに対して，BSCのような戦略業績評価システムが現れてきた。BSCは，財務・非財務の尺度による組織の壁を越えた戦略志向の業績評価システムである（Kaplan and Norton, 1992）。それでは，伝統的な業績評価システムと戦略的業績評価システムにどのような違いがあるのか。本章ではこの違いを検討する。

　戦略的業績評価システムの検討にあたっては，戦略・組織・システムなどの相互に関連する要素を部分的に取り扱うのではなく，7Sと呼ばれる7つの要素を同時に取り扱わなければならない（Waterman *et al.*, 1980; Peters and Waterman, 1982）。これに応えてキャプラン（Kaplan, 2005）は，事業戦略を中心に，ウォーターマンらの7SとBSCに一貫性があると指摘している。戦略的

業績評価システムの研究では，7S，機能戦略，事業戦略，企業戦略を独立して検討され，企業戦略，事業戦略，機能戦略の関係から体系的に検討されてきたとはいえない。

本章では，伝統的な業績評価システムとの対比により，戦略・組織・システムに基づいて戦略的業績評価システムの特徴を検討する。第1節では，ウォーターマンらが指摘したマッキンゼー（McKinsey）の7Sに基づき，戦略・組織・システムという3つの要素を分析のフレームワークとして取り上げ，3つの要素を明らかにする。第2節では，機能戦略，事業戦略，企業戦略に関わる戦略的業績評価システムを検討する。第3節では，戦略的業績評価システムをコントロール・ステップに基づいて比較検討する。最後に本章をまとめる。

1. 分析フレームワーク

分析のフレームワークとして，マッキンゼーの7Sを取り上げる。本章では，マッキンゼーの7Sを分析のフレームワークとして，戦略的業績評価システムを検討する。

1.1 マッキンゼーの7S

戦略的業績評価システムを体系的に分析するには，戦略や組織との関係で明らかにする必要がある。このような関係を明らかにするようなフレームワークとして，マッキンゼーの7Sがある。ウォーターマンら（Waterman *et al.*, 1980; Peters and Waterman, 1982）によれば，7Sとは，戦略（Strategy），組織（Structure），システム（Systems），共有された価値観（Shared Values），スタイル（Style），人材（Staff），スキル（Skills）からなる（図表1.1）。これらは企業の成功に欠かすことのできない相互に関係のある7つの要素である。

戦略とは，外部環境の変化への対応として，競争優位を構築するためのポジショニングや活動を行うことである。組織とは，タスクを実行するために，権限を集権化し従業員を集中化させたり，分権化して従業員を分散させたりする

第1章 戦略的業績評価システムの特徴

図表1.1 マッキンゼーの7S

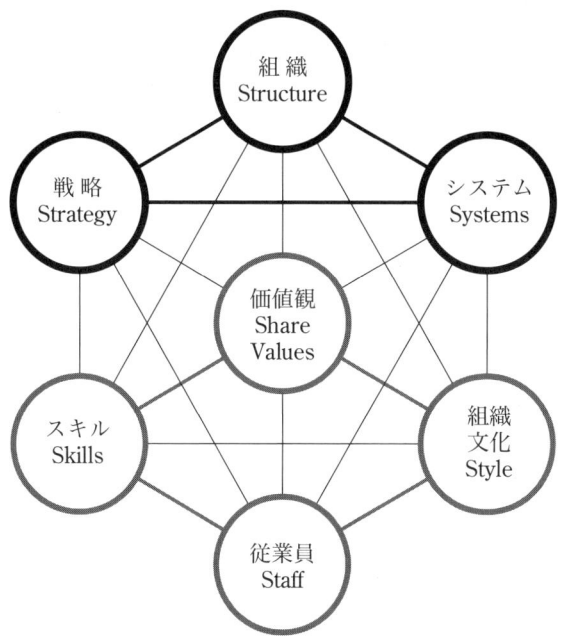

Waterman *et al.*（1982, p.18）より一部筆者加筆修正。

ことである。システムとは，マネジメント・コントロール・システム，業績測定とインセンティブ・システム，情報システムなどのマネジメント・システムである。共有された価値観とは，全従業員が共有すべき中核となる価値観のことである。スタイルとは，管理者のリーダーシップのスタイルであり，組織文化のことである。人材とは，経験や能力を持った従業員のことである。スキルとは，組織が保有する独自の能力のことである。

7Sは，ハードの3S（戦略・組織・システム）とソフトの4S（共有された価値観・スタイル・人材・スキル）に分類できる。ハードの3Sは，比較的短期に変革できる要素である。一方，ソフトの4Sは，変革しにくい要素である。また，ソフトの4Sの分析では，分析にあたって主観的な評価となりやすい。

15

企業を成功に導くには，ハードの3Sとソフトの4Sに一貫性とバランスをとることはいうまでもない。しかし，本章では，比較的変革しやすく客観的に分析しやすいハードの3Sに焦点をあてることにする。

1.2 ハードの3S

　戦略的業績評価システムにおける検討するハードの3Sを明らかにする。以下では，戦略，組織，システムの順で取り上げる。

　戦略は，機能戦略，事業戦略，企業戦略に分類できる。機能戦略とは，人事戦略や生産戦略などの特定の機能に関連する戦略である（Andrews, 1987）。事業戦略とは，特定の市場や製品で競争優位を構築するための戦略である。企業戦略とは，企業価値を創造するために，組織間の連携を構築する戦略である。

　組織は，これまで機能別組織，事業部制組織，マトリックス組織などの組織形態が研究されてきた。本章では，組織を統一して比較するために事業部制組織を前提とする（図表1.2）。事業部制組織は，本社や持ち株会社の下に事業部もしくは事業子会社という事業組織があり，その事業組織には製造部門や営業部門などとともに，経理部門，人事部門，情報システム部門などの機能別組織を持つ典型的な組織である。事業部制は，責任会計の効果を発揮する合理的な制度として取り上げられてきた（溝口，1967）。同時に，事業部制組織は，機能組織，事業組織，本社という組織を有するために，機能戦略，事業戦略，企業戦略を扱うことができる。本章の目的からすると戦略的業績評価システムと責任会計に基づく伝統的な業績評価システムという2つの側面から検討を行うには適した組織形態である。

　業績評価システムは，戦略的業績評価システムと伝統的な業績評価システムを対比して扱う。戦略的業績評価システムとして，SLA，BSC，レディネス，アラインメントによる評価を取り上げる。また，伝統的な業績評価システムとして，責任会計に基づく業績評価システムを取り上げる。責任会計とは，通産省企業局産業合理化審議会財務分科会（1960）を要約すれば，会計数値と管理組織上の責任者を結びつけ，職制上の責任者の業績を明瞭にしうる会計制度である。責任会計に基づいた業績評価システムは，標準原価管理，予算管理や事

図表1.2　事業部制組織と戦略の関係

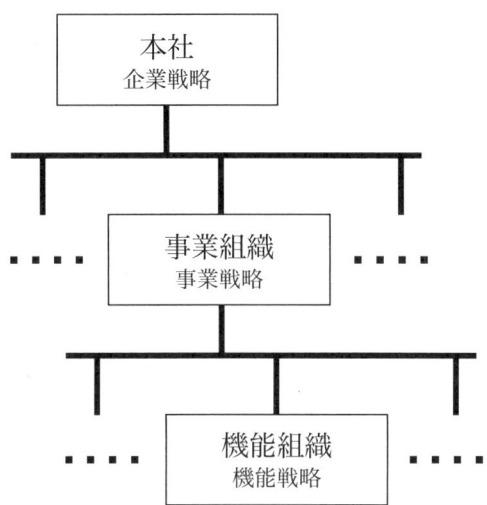

業部制会計に代表される。

　戦略・組織・システムという3つの要素は，相互に密接な関係がある。戦略的業績評価システムの検討では，システムだけを取り扱うのではなくこれらハードの3Sの要素間の関連を検討する。

2．戦略的業績評価システムのタイプ

　アラインメントには，戦略実行のアラインメント，戦略目標間のアラインメント，組織間のアラインメントがある。3つのアラインメントの観点から，戦略のタイプに応じて，戦略の業績評価を行うことが，戦略的業績評価システム構築の鍵となる。戦略のタイプとは，機能戦略，事業戦略，企業戦略である。戦略のタイプによって，役割期待や関連する組織が異なるため，本節では戦略のタイプごとに戦略的業績評価システムを順に検討する。

2.1 機能戦略のための戦略的業績評価システム

　機能組織は単独では存在せず，本社や事業組織との依存関係の中で成り立つ。機能組織は，本社や事業組織の戦略実行を支援するように，機能戦略を管理しなければならない。つまり，機能戦略のための戦略的業績評価システムには，組織間のアラインメントを構築する役割が必要である。

　機能戦略のための戦略的業績評価システムには，たとえば，SLAに基づく戦略的業績評価システムがある。櫻井（2006）は，経理部門，人事部門，情報システム部門などの機能組織では，グループ内顧客とSLAを締結することによって，サービスレベルの向上に向けて共同で改革を進めることが肝要であると指摘している。SLAの目的は，サービス提供における不透明さを解消（サービスレベルの可視化）して，適正なSLM（Service-Level Management）を実施するためにある（櫻井，2006）。ここでSLMとは，SLAを締結し，その合意内容が適正に実現され，状況の変化に応じて柔軟に運用されるように，委託者と提供者の間で取り決められたSLA，運営の仕組み（ルール，プロセス，体制）を構築・運営することである（情報処理推進機構，2003）。たとえば，ある商業銀行の機能組織では，図表1.3のように，本社や事業組織とSLAを締結している（Kaplan and Norton, 2008）。SLAは，本社や事業組織のニーズを契約項目としてサービス範囲や要求項目として明文化する。効果的な機能戦略の実行のためには，企業戦略や事業戦略を反映したSLAを組織間で締結し管理することが有効である。これによって，その業績評価は，SLAの契約項目が実現されているかで評価することができる。SLAが履行されれば，企業戦略や事業戦略の実現に貢献していることになり，結果として機能戦略が実現されているかを評価できる。逆に，SLAが履行されていなければ，機能戦略が実現されていないと評価される。

　機能組織が企業戦略や事業戦略を支援することが重要といっても，効率性の面だけで評価するのは問題がある。機能組織は通常コスト・センターとして位置づけられるために，主要な戦略が業務の効率化によるコスト低減となる場合が多い。コスト低減を目的とした機能組織では，効率化のための活動と顧客満

第1章　戦略的業績評価システムの特徴

図表1.3　SLAに基づく業績評価システム

リッジストーン銀行に対する与信管理
および貸付業務サービスの提供に関する合意

サービスの範囲
リッジストーン銀行の与信・貸付業務部門は，以下の重要サービスを，下記の通り提供することに合意する。

企業向けおよび個人向けバンキング
与信管理サービス
1. 新規の企業向け貸付の申し込みがあった場合，分析依頼の書類が整い次第，正確でタイムリーな一連の与信審査を5営業日以内に行う。
2. 貸付部門に対し，与信の返済期日通知から90日を約定する。
3. 更新が承認された場合には，お客様から情報をいただき，返済期日前30日以内に貸付担当者に対して検討結果を提供する。

書類作成サービス
4. 貸付担当者が必要な書類が揃っているかの確認ができるよう，クロージングの24時間前に，完全で正確な貸付用書類作成の準備を行う。
5. 貸付審査状況追跡システムにより，正確でタイムリーな貸付関連細目情報の更新を行う。
6. 書類作成，小切手の準備，必要であればコピーを行うなど，クロージングのために必要な要員を確保する。

貸付サービス
7. SBUもしくは外部のお客様からの申し込みを受けてから24時間以内に，貸付口座の完全でタイムリーで正確な更新を行う。やり直しや不備の修正は同日，ないしシステム上困難であれば可能な限り迅速に行う。
8. 担保物件の第三者対抗要件具備のためのすべての第三者決済や届け出，および担保権設定のための届け出書類を含め，クロージングの翌営業日の終了までに，ITIに対して，貸付に関する完全で正確なデータ入力を行う。
9. 個人向けバンキング：誤りもしくは遺漏がない場合，クロージングもしくは解約日の翌営業日には，投資家へ売却して資金化することが可能な債権パッケージを，正確かつタイムリーに記帳し送付する。

品質管理
10. 無担保貸付，例外的貸付，返済済貸付，新規貸付についての日々の業務活動をモニターする。
11. 貸付の記帳から3営業日以内に，審査書類の整備，システムへのインプットコードを，正確を期すためにクロスチェックする。

Kaplan and Norton（2008, p.138）より一部筆者修正。

足度を向上するための活動とにコンフリクトが生じうる（園田, 2006）という指摘がある。機能組織は一般に本社や事業組織よりも下位組織にあり，本社や事業組織が価格を下げるよう要求してくれば，それに従わざるをえないという現実もある。この場合，機能組織はコスト低減を優先するばかりに目がとられ，戦略支援の投資を控えてしまうかもしれない。機能組織は，効率性の面だけで評価されるだけではなく，戦略支援の有効性を評価することも重要といえる（伊藤，2007）。

　有効性を評価するためには，本社や事業組織がBSCなどを通して事業戦略や企業戦略の役割期待を明確にし，本社や事業組織の戦略ニーズにあったサービスを提供しているかどうかに応じて対価を支払うべきである。その点で，SLAは，企業戦略や事業戦略のニーズを可視化するのに役立ち，機能戦略の策定および業績評価の段階で積極的に活用することが期待される。

2.2　事業戦略のための戦略的業績評価システム

　事業戦略で想定された財務業績を最終的に達成するには，まず戦略目標間のアラインメントを構築する必要がある。また，事業戦略を管理するには，戦略実行のアラインメントを構築する必要がある。戦略実行のアラインメントを構築することで，事業戦略を業績評価できるからである。戦略目標間のアラインメントと戦略実行のアラインメントを構築するには，BSCが有効である。

　BSCでは，戦略マップを用いて事業戦略を記述する。戦略マップでは，財務・顧客・内部プロセス・学習と成長という4つの視点で戦略目標を明らかにし，戦略目標間の因果関係を構築する。戦略目標間の因果関係を構築できることが，戦略目標間のアラインメントである。

　戦略マップに記述された戦略目標に対して尺度と目標値を設定し，目標値と実績値のギャップを埋めるために，戦略的実施項目を計画・実行し，目標値の達成度によって戦略実行を評価する。戦略マップに記述された戦略目標から，尺度，目標値，戦略的実施項目へ落とし込むことが，戦略実行のアラインメントである。

　事業戦略を実行するには，人的資産，組織資産，情報資産というインタンジ

ブルズ (intangibles) も重要である。これらのインタンジブルズは，学習と成長の視点の戦略目標に関連させて特定すべきである。また，その業績評価として，BSCでは，インタンジブルズの業績評価としてレディネス評価が提案されている。

レディネス評価は，内部プロセスの視点の戦略目標に対して，インタンジブルズの準備度合（readiness）を評価する。たとえば，グレイ・シラキュース（Kaplan and Norton, 2004）では，人的資産のレディネス評価を行っている。レディネス評価は，図表1.4で示すように，戦略マップの内部プロセスの視点に戦略目標（50％まで補修を削減する）を設定する。学習と成長の視点で，内部プロセスの視点の戦略目標を達成するために必要な人的資産（金型組立工）を特定し，コンピテンシー・プロファイルを明らかにする。コンピテンシー・プロファイルとは，内部プロセスの視点の戦略目標を向上するために必要な人的資産のコンピテンシーに関する職務要件を詳細に記述したものである。レディネス評価は，コンピテンシー・プロファイルに記述された職務要件を満たしている要員がどの程度準備されているかを評価する。つまり，レディネス評価によって，戦略とその戦略を実現するための人的資産という関係の中で，人的資産というインタンジブルズを評価していることに他ならない。

インタンジブルズをレディネス評価している企業に，（株）日立システムアンドサービスがある（石川，2006）。同社では，経済産業省が中心となって発表されたITスキル標準をもとに，独自の人材育成のためのHCM（Human Capital Management）システムを開発している。その中で，従業員をキャリア（たとえば，マーケティングやセールスなど）とその成熟度レベル別に階層化し，従業員のスキルとその保有人数を可視化したポートフォリオを作成し人的資産の状態を測定している。しかし，石川（2006）によれば，戦略を同社のポートフォリオにより反映することが今後の課題であると指摘している。他方，グレイ・シラキュースでは，内部プロセスの視点の戦略目標を高めるように，ポートフォリオを構築して人的資産を特定している。

日立システムアンドサービスの事例から，レディネス評価において重要な要件は戦略と明確な戦略目標間のアラインメントを確保することである。日立システムアンドサービスがポートフォリオを網羅的に管理しようとしたために，

21

図表1.4 レディネス評価

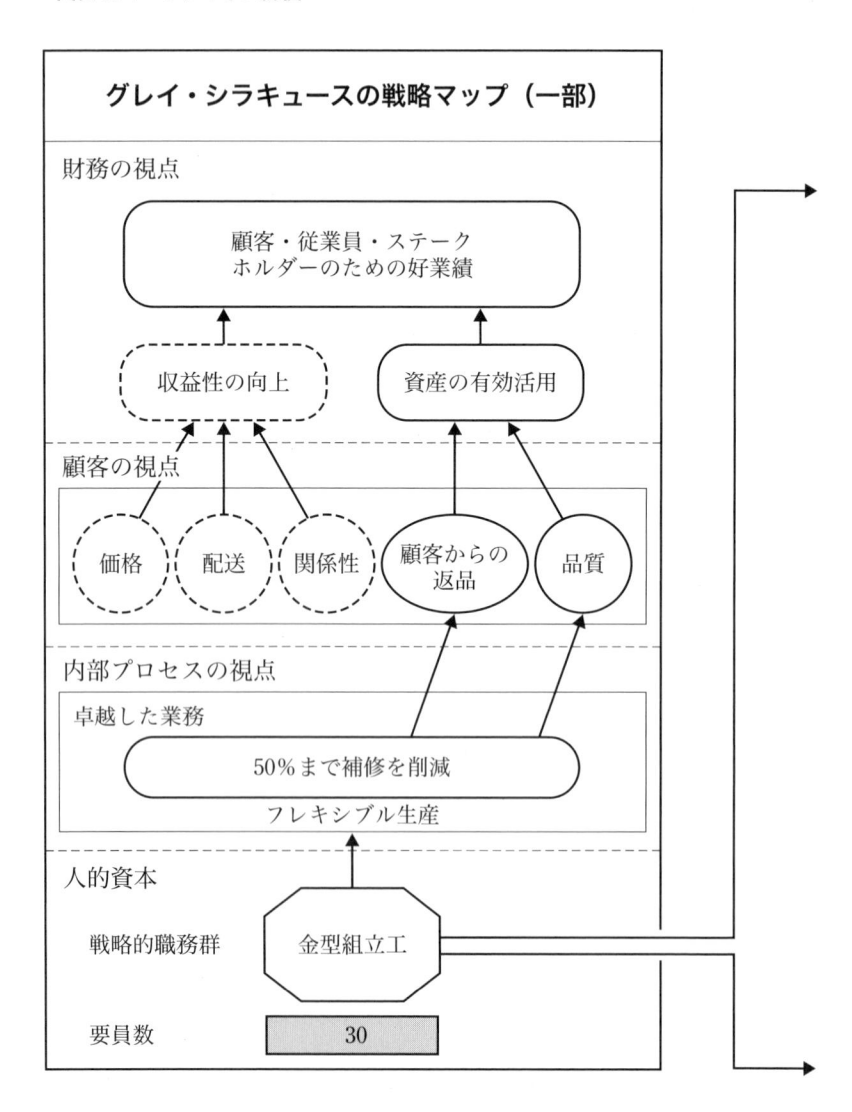

グレイ・シラキュースの戦略マップ（一部）

財務の視点

- 顧客・従業員・ステークホルダーのための好業績
  - 収益性の向上
  - 資産の有効活用

顧客の視点

- 価格
- 配送
- 関係性
- 顧客からの返品
- 品質

内部プロセスの視点

卓越した業務
- 50％まで補修を削減
- フレキシブル生産

人的資本

- 戦略的職務群：金型組立工
- 要員数：30

Kaplan and Norton（2004, p.238）より一部筆者修正。

第1章　戦略的業績評価システムの特徴

コンピテンシー・プロファイルの定義

工程＼スキル	1 ターボ	2 太陽熱	8 スマート
…………	—	—	—
企画範囲	1	1	0
溶接工	0	1	1
酸用貯槽	1	0	1
切　断	1	1	0
…………	—	—	—
全スキル	26	16	11

1＝このセルで必要とされるスキルがある

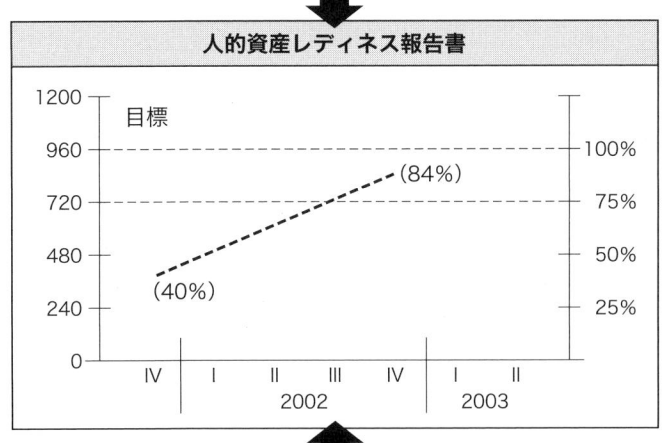

人的資産レディネス報告書

(グラフ：目標1200、目盛240刻み、2002年IV期(40%)から2003年III期(84%)へ上昇)

レディネスの評価

レベル	適　要
1	未訓練
2	訓練の予定
3	訓練中
4	認定済み：セル内
5	トレーナー：全セル内認定済み

← 目標

戦略をポートフォリオに反映させることが困難となってしまったと考えられる。それに対して，グレイ・シラキュースの事例では，内部プロセスの視点の戦略目標に方向づけた。戦略目標へ方向づけることで，インタンジブルズは網羅的に管理するのではなく，戦略の実現に必要なインタンジブルズを選択し重点的に管理することができる。また，戦略に対するインタンジブルズの貢献もレディネスで評価できる。

2.3 企業戦略のための戦略的業績評価システム

　企業戦略のための戦略的業績評価システムは，組織間のアラインメントと関係する。優れた企業戦略を持っていても，企業戦略を実現するのは，事業組織や機能組織の活動であり，その活動が企業戦略へと方向づけられるよう組織間の連携が構築されなければならない (Kaplan and Norton, 2006)。管理するためには，測定できなければならないという原則がある。この原則に従うなら，組織間のアラインメントを構築するには，本社が企業戦略の実行を管理するための組織間のアラインメントの状態を測定する必要がある。組織間のアラインメントは，社外パートナーなどグループも含めて組織全体で構築すべきである。しかしここでは，キャプランらが例示したスポーツマン社をもとに本社と事業部，機能組織の関係のみでアラインメント評価を明らかにする。

　アラインメント評価は，図表1.5で示した例では，①から④のアラインメント・チェックポイントごとにアラインメントが構築されているかを評価する。アラインメント・チェックポイントとは，本社と事業組織間（①），本社と本社内の機能組織間（②），本社内の機能組織と機能組織間（③），事業組織と事業組織内の機能組織間（④）という4つである。

　企業戦略が全社価値提案と全社スコアカードとして記述し管理されていることを前提として，それぞれのチェックポイントで以下の点を評価する。①のチェックポイントでは，企業戦略を反映し本社の方針に基づいて事業組織が事業戦略を策定し管理しているかを評価する。②のチェックポイントでは，企業戦略を反映し本社の方針に基づいて本社が優先事項を策定し管理しているかを評価する。③のチェックポイントでは，機能組織が本社の方針を反映し，機能

戦略を策定し管理しているかを評価する。④のチェックポイントでは，機能戦略が事業戦略を反映し，事業組織に必要なサービスが提供できているかを評価する。

　アラインメント評価における課題は，アラインメント評価するための尺度をいかに設定するかである。組織間がどの程度連携しているかを客観的に評価することが困難であるからである。

　スポーツマン社の事例では，スコアカードが記述されていれば「Yes」，していなければ「No」というようにシステムの有無で評価している。また，スコアカードが上位のスコアカードと尺度が共通している部門数やSLAを締結している部門数を代用尺度としている。アラインメント評価では，アラインメントをとるためのシステムが整備されているかどうかを尺度として，間接的に評価せざるをえない。

　組織間のアラインメントの特徴は，シナジーを生み出すための組織基盤の構築を企業戦略として取り扱うことである。そのため，組織間のアラインメントは，事業戦略のように直接的に戦略実行から便益を受け取る役割とは異なる。したがって，企業戦略のための戦略的業績評価システムに求められる役割は，組織基盤の構築度合いとしての，組織間の連携度の評価となる。

図表1.5 アラインメント・チェックポイント

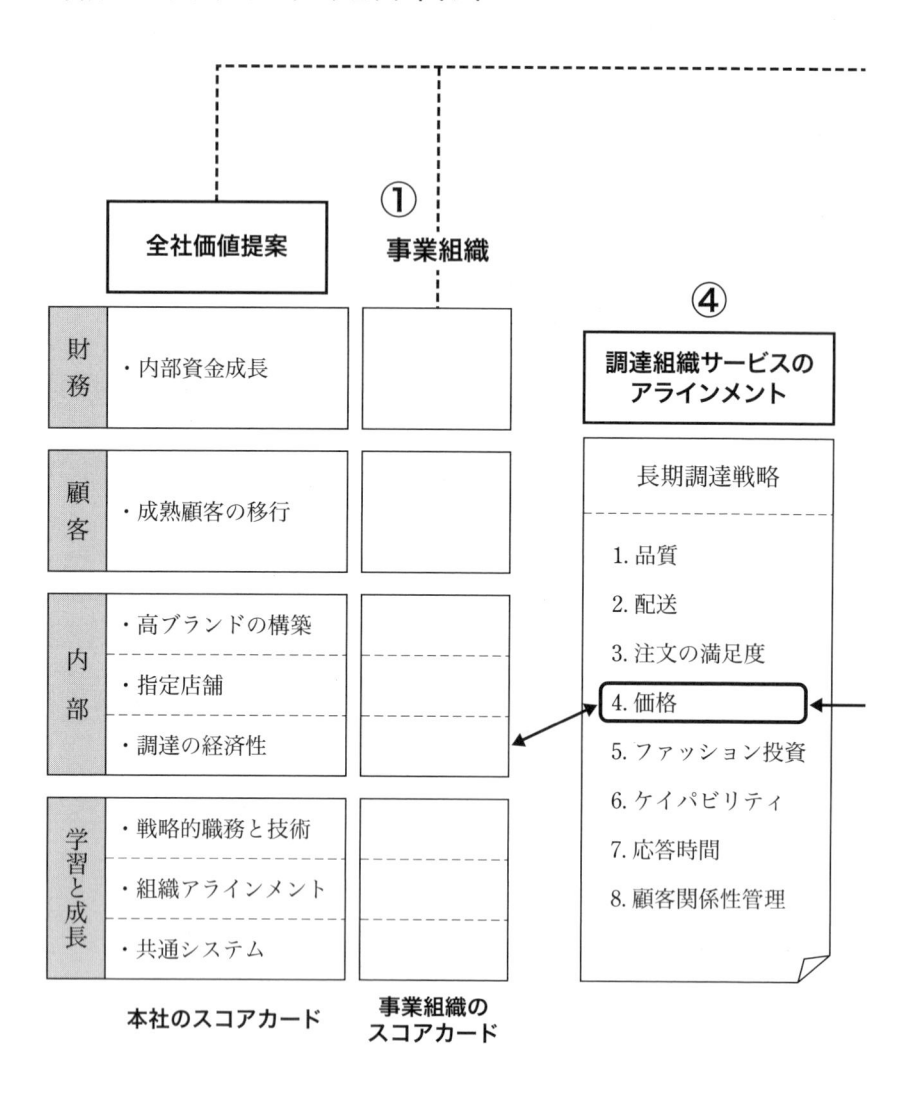

	全社価値提案	① 事業組織		④ 調達組織サービスのアラインメント
財務	・内部資金成長			**長期調達戦略**
顧客	・成熟顧客の移行			1. 品質 2. 配送 3. 注文の満足度
内部	・高ブランドの構築 ・指定店舗 ・調達の経済性		←	4. 価格 ← 5. ファッション投資 6. ケイパビリティ 7. 応答時間 8. 顧客関係性管理
学習と成長	・戦略的職務と技術 ・組織アラインメント ・共通システム			
	本社のスコアカード	事業組織のスコアカード		

Kaplan and Norton (2006, p.23) より筆者加筆修正。

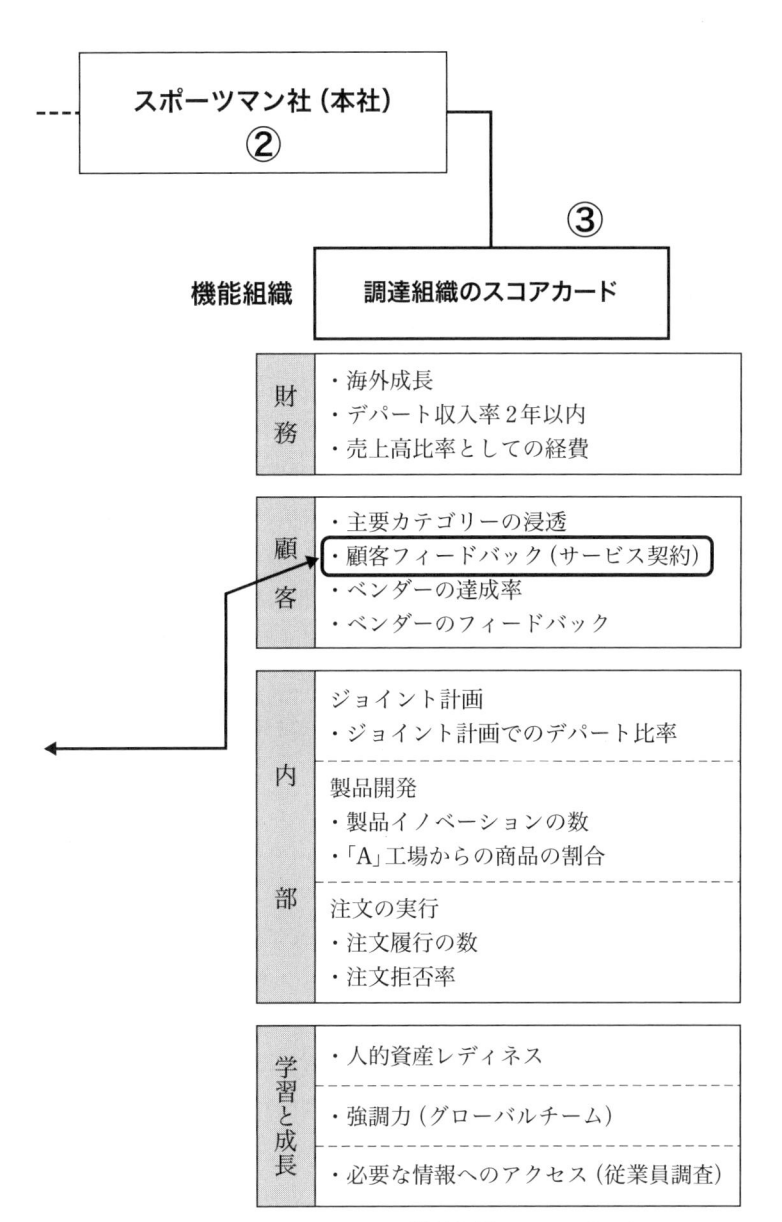

第1章　戦略的業績評価システムの特徴

```
┌─────────────────┐
│ スポーツマン社（本社）│
│        ②        │
└─────────────────┘
              │
              │  ③
              │
  機能組織  ┌──────────────────┐
           │ 調達組織のスコアカード │
           └──────────────────┘
```

財務	・海外成長 ・デパート収入率2年以内 ・売上高比率としての経費
顧客	・主要カテゴリーの浸透 ・**顧客フィードバック（サービス契約）** ・ベンダーの達成率 ・ベンダーのフィードバック
内部	ジョイント計画 ・ジョイント計画でのデパート比率 -------------------------------- 製品開発 ・製品イノベーションの数 ・「A」工場からの商品の割合 -------------------------------- 注文の実行 ・注文履行の数 ・注文拒否率
学習と成長	・人的資産レディネス ・強調力（グローバルチーム） ・必要な情報へのアクセス（従業員調査）

機能組織のスコアカード

3. 戦略的業績評価システムとコントロール・ステップ

前節では，機能戦略，事業戦略，企業戦略に基づいて戦略的業績評価システムを明らかにした。本節では，戦略的業績評価システムにどのような特徴があるのかを業績評価のコントロール・ステップに基づいて検討する。

業績評価は，4つのコントロール・ステップで成り立つ（Merchant and Van der Stede, 2003）。①目的にあった測定対象を設定し，②測定対象に合致した尺度を設定し，③目標値を設定して，その目標値と実績値との差異を解釈し，④報酬を決定することである。4つのステップの中で，④報酬は業績評価システムを定着させるために重要な要素である。横田（1998; 2000）は，業績評価には2つの側面があると指摘している。すなわち，業績測定と人事評価という側面である。わが国では，必ずしも両者が連動されておらずそれぞれ独立したシステムとして存在していたと指摘している。人事評価は，業績評価システムを組織内に定着させるために有効であると考えられる。しかし，ここでは戦略の実現に焦点をあてているため報酬に関する業績評価については検討しないこととする。したがって，戦略と直接的に関連する①測定対象，②尺度，③目標値の3つだけで戦略的業績評価システムを検討する。

3.1 測定対象

伝統的な業績評価システムと戦略的業績評価システムで，業務活動の成果を，何に結びつけて測定しているのかを明らかにする。また，なぜ測定対象が異なるのかを検討する。

伝統的な業績評価システムである責任会計では，財務業績を組織や管理者と結びつけて評価している。つまり，組織や管理者を評価対象として業績評価を行う。たとえば，予算管理では，予算編成方針に従って，各組織の管理責任範囲に応じた部門別予算や費目別予算が設定される。これに対して戦略的業績評価システムは，業績を戦略と結びつけて評価するところに特徴がある。SLA

に基づく評価では，事業戦略や企業戦略を反映した契約項目を評価する。BSCでは，事業戦略の実行のために戦略目標を評価する。また，レディネス評価でも組織や管理者ではなく，内部プロセスの戦略目標に影響を与えるインタンジブルズを評価する。さらにアラインメント評価では，組織や管理者ではなく，企業戦略の実行における組織間の連携を評価する。

　伝統的な業績評価システムと戦略的業績評価システムで，測定対象が異なるのは，戦略の学習プロセスが異なるためと考えられる。アージリス（Argyris, 1977; 2002）は，行動学習には2つのタイプがあると指摘している。すなわち，シングル・ループの学習とダブル・ループの学習である。

　シングル・ループの学習とは，行動を支配する支配的変数を所与とした上で，間違いを発見し修正する学習である。ダブル・ループの学習とは，行動の前提となっている支配的変数に目を向け修正する学習である。この2つのタイプを戦略の学習と考えると，伝統的な業績評価システムは，図表1.6で示したようにシングル・ループの学習である。戦略的業績評価システムは，図表1.7で示したようにダブル・ループの学習である。

　伝統的な業績評価システムでは，戦略を所与として，戦略を修正することは想定されていなかった。たとえば，予算管理では，戦略に基づいて予算をたてるにしても，業務活動による財務業績を測定し，予算との差異分析を行って，予算を通じて業務活動へフィードバックするという業務管理の域を出なかった。つまり，伝統的な業績評価システムにおける測定対象は，予算と結びついた組織や管理者である。伝統的な業績評価システムの測定対象が，組織や管理者であるのは，責任会計に基づいているためである。

　戦略的業績評価システムは，図表1.7で示しているように，戦略の仮説検証を行う戦略のダブル・ループ学習を前提としている。つまり戦略の修正を前提とした業績評価システムである。戦略の修正を行うには，戦略実行の結果から戦略の妥当性を評価しなければならない。戦略的業績評価システムの業績評価の対象は戦略が実現されているかを評価しなければならない。

図表1.6　戦略のシングル・ループ学習

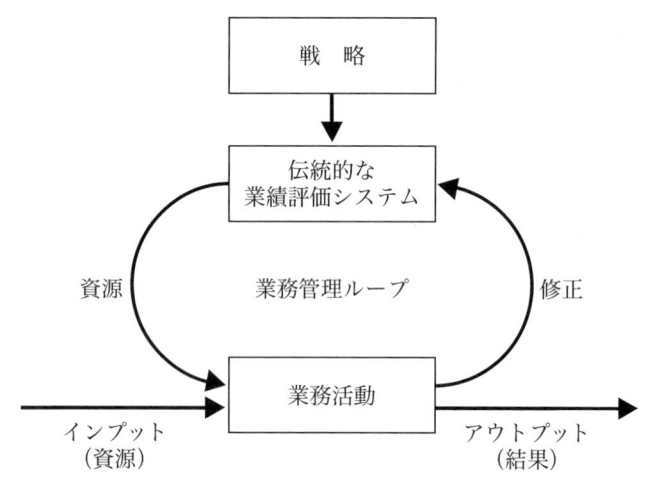

```
          ┌─────────┐
          │ 戦　略  │
          └────┬────┘
               ↓
    ┌──────────────────┐
    │   伝統的な       │←──────
    │ 業績評価システム │       │
    └──────────────────┘       │
   資源    業務管理ループ    修正
    │                          │
    ↓                          │
    ┌──────────┐
──→ │ 業務活動 │ ──→
    └──────────┘
インプット              アウトプット
（資源）                 （結果）
```

Kaplan and Norton（2001, p.24）を一部修正。

図表1.7　戦略のダブル・ループ学習

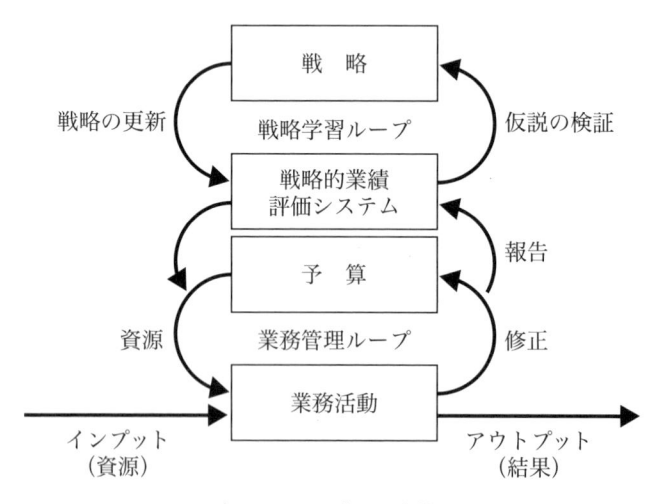

```
           ┌─────────┐
     ┌───→ │ 戦　略  │ ←───┐
     │     └─────────┘     │
  戦略の更新 戦略学習ループ 仮説の検証
     │                     │
     │   ┌──────────────┐  │
     └── │ 戦略的業績   │ ←┘
         │ 評価システム │ ←───┐
         └──────────────┘    │
                             報告
         ┌──────────┐        │
     ┌─→ │ 予　算   │ ←──────┘
     │   └──────────┘
   資源   業務管理ループ  修正
     │                     │
     │   ┌──────────┐      │
   ──┴─→ │ 業務活動 │ ←────┘ ──→
         └──────────┘
インプット              アウトプット
（資源）                 （結果）
```

Kaplan and Norton（2001, p.275）を一部修正。

3.2 尺度

業績を測定するためには，業績を測定するためのモノサシが必要である。伝統的な業績評価システムと戦略的業績評価システムで，業績をどのような尺度で測定しているのかを明らかにする。また，なぜ尺度が異なるのかを検討する。

伝統的な業績評価システムでは，業績を財務尺度で測定する。たとえば，予算管理では，予算に対応する財務業績で測定する。したがって，伝統的な業績評価システムの尺度は，財務尺度である。

戦略的業績評価システムでは，財務尺度と非財務尺度の両方で測定するところに特徴がある。SLAに基づく評価では，提供するサービスの価格という財務業績だけでなく，契約項目に基づいてサービスの納期順守率などの非財務業績を測定する。BSCも，財務・顧客・内部プロセス・学習と成長の視点の戦略目標を財務と非財務の尺度で評価する。またレディネス評価は，財務尺度ではなく，インタンジブルズを構築する準備度という非財務尺度で評価する。さらにアラインメント評価は，財務尺度ではなく，組織間の連携度という非財務尺度で評価する。

伝統的な業績評価システムと戦略的業績評価システムで，尺度が異なるのは，測定対象が異なるためと考えられる。伝統的な業績評価システムは，責任会計に基づいており，財務尺度で組織や管理者に関連した業績を測定する。

戦略的業績評価システムでは，業績評価のために財務尺度だけでなく，非財務尺度を多く用いる。財務尺度に関して，ジョンソンとキャプラン（Johnson and Kaplan, 1987）は，現代において短期の財務尺度が企業業績の指標としての価値がなくなってきていると指摘している。また，業績評価システムでは，非財務指標を測定・報告すること，その指標は企業の戦略に基づくこと，さらに製造，マーケティング，およびR&Dといった成功へのカギとなる尺度を含めることが必要であると指摘している。

とりわけ，戦略の修正が必要か否かの評価は，財務尺度だけで行うことは適当ではない。財務尺度だけで，戦略が実現されているかを評価することには

31

限界がある。財務成果が思わしくないからといっても，それで戦略が間違っていたとはいえないからである。たとえば，モービル NAM&R（Kaplan and Norton, 2001）の事例は，非財務尺度の重要性を指摘している。

モービル NAM&R の1995年冬の第1四半期四半期の収益が予算をかなり下回ったという。この背景には，北米のまれにみる暖冬という外的要因によるものであった。しかし，BSC では，主要な消費者セグメントのシェアは上昇し，精製コストは下がり，従業員満足度の調査結果も高かった。BSC の評価では，管理可能な非財務尺度の結果は良好だったため，戦略転換することなく継続した。年度末には，モービルは業界で最も収益性の高い企業となっていた。

モービル NAM&R が，仮に，財務業績で評価し戦略を転換していたならば，年度末には最も収益性の高い企業になったという結果は成しえなかったかもしれない。モービル NAM&R の1995年冬の第1四半期四半期の収益という財務業績が悪いからといっても，当初の戦略が間違っているとは言い切れない。このようにキャプランとノートン（Kaplan and Norton, 2001）は，非財務尺度が財務尺度と比べて単に先行的であるだけでなく，持続的で長期的な価値を創造するために役立つと指摘している。

3.3 目標値

業績を測定し，その業績の良し悪しを決めるには，その基準が必要である。また，基準と実績に差異がある場合，その差異を解釈する必要がある。目標値の設定に関しては，伝統的な業績評価システムでも戦略的業績評価システムでも相違はない。違いは実績評価にある。伝統的な業績評価システムと戦略的業績評価システムの実績評価の方法を明らかにする。また，なぜ，実績評価の方法が異なるのかを検討する。

伝統的な業績評価システムでは，目標値の達成度を評価する。たとえば，予算管理では，予算が目標値であり，その目標値をどれだけ達成したかを評価する。

戦略的業績評価システムでは，売上や営業利益などの財務業績のように戦略実行プロセスの成果や財務成果で実績を評価するだけでなく，財務業績や成

第1章　戦略的業績評価システムの特徴

果を生み出す要因やサービスの質を評価するところに特徴がある。SLAに基づく評価では，目標達成度ではなく，サービス提供者と委託者の契約項目が履行されているか否かで評価される。BSCは目標値の達成度を評価するが，レディネス評価では内部プロセスの戦略目標を達成するための準備度で評価される。準備度であるため，戦略の実行には100％の準備が必要であり，目標値は100％である。アラインメント評価も目標達成度ではなく，組織間の連携度で評価される。組織間の連携度はきちんと整っているほど組織間の連携によるシナジーが創造される基盤が整っていることとなるため，チェックポイントすべての及第点をとることとなる。

　伝統的な業績評価システムと戦略的業績評価システムで，実績評価が異なるのは，測定対象と尺度が異なるためと考えられる。伝統的な業績評価システムでは，目標値の達成度で業績評価される。業務効率の評価には，目標値に対してどの程度達成したかという達成度で評価されるからである。予算管理では，予算という目標値に対する実績が超えるほど，業務活動がうまく行われていると判断される。たとえば，製造部門やその管理者に対して設定された予算額に対して，製造活動で実際に消費された金額が下回るほど，その組織や管理者は効率的な活動ができていると評価される。

　戦略的業績評価システムでは，伝統的な業績評価システムのように達成度で解釈するだけはない。戦略的業績評価システムでは，非財務尺度を用いるため，測定単位が金額だけでなく，不良率などの割合，クレーム数などの件数，開発リードタイムなどの時間，システムなどの有無，業界ランキングなどの順位といったように多様である。したがって，実績評価の方法も多様となる。

3.4　戦略的業績評価システムの特徴

　伝統的な業績評価システムと戦略的業績評価システムには，測定対象，尺度，目標値に違いがある。戦略，組織，業績評価システムという3つの要素と，業績評価システムの3つのコントロール・ステップに基づいて，その特徴をまとめると，図表1.8となる。

　戦略実現には，3つのアラインメントを構築しなければならない。すなわち，

図表1.8　戦略的業績評価システムの特徴

戦　略	機能戦略	事業戦略			企業戦略	伝統的な業績評価
組　織	機能組織	事業組織			本社組織	全組織
システム	SLA	BSC	レディネス	アラインメント		予算管理・事業部制会計
評価の対象	契約項目	戦略目標	インタンジブルズ	組織間の連携		組織管理者
尺　度	財務尺度 非財務尺度	財務尺度 非財務尺度	非財務尺度	非財務尺度		財務尺度
目標値	契約履行の有無	達成度	準備度	連携度		達成度

　組織間のアラインメント，戦略目標間のアラインメント，戦略実行のアラインメントである。ここでは，戦略的業績評価システムがアラインメントの構築にどのように貢献するのかも明らかにしておく。

　機能戦略におけるSLAに基づく評価は，組織間のアラインメントの構築に貢献できる。SLAによって，事業部などと組織間の連携が構築されているかを，契約項目履行の有無で評価できるからである。

　事業戦略におけるBSCは，戦略実行のアラインメントの構築に貢献できる。BSCによって，戦略マップに記述された戦略目標から尺度，目標値，戦略的実施項目に落とし込まれているかを評価できるからである。また，レディネス評価は，戦略目標間のアラインメントの構築に貢献できる。レディネス評価によって，内部プロセスの視点の戦略目標に対して，学習と成長の視点の戦略目標が方向づけられているかを評価できるからである。

　企業戦略におけるアラインメント評価は，組織間のアラインメント構築に貢献できる。アライメント評価では，組織間連携を図るためのシステムの状態を評価できるからである。

　以上のように，本章で取り上げた戦略的業績評価システムには，戦略実現の

ためのアラインメントを構築する役割がある。組織間のアラインメント，戦略目標間のアラインメント，戦略実行のアラインメントという3つのアラインメトは，戦略的業績評価システムによって選択されるアラインメントが異なるという特徴がある。

まとめ

　本章では，マッキンゼーの7Sに基づき，戦略・組織・システムというハードの3Sを取り上げ，コントロール・ステップに基づいて戦略的業績評価システムの特徴を検討した。その結果，学習プロセスの違いから測定対象は組織から戦略へ拡張した。また，測定対象が拡張したことで，尺度は財務尺度だけでなく非財務尺度までを含めるようになった。さらに，実績評価は目標値の達成だけでなく契約履行，準備度や連携度の評価も含めることができるようになった。以上のように，伝統的な業績評価システムと戦略的業績評価システムには，多くの違いが存在することを明らかにした。

　戦略的業績評価システムは，アラインメント構築のために貢献するという役割があることも明らかにした。SLAに基づく評価では，組織間のアラインメントの構築に貢献する。BSCは，戦略実行のアラインメントの構築に貢献する。レディネス評価は，戦略目標間のアラインメントの構築に貢献する。アラインメント評価は，組織間のアラインメントの構築に貢献することである。

　次章では，経営環境の変化に対応するための戦略的業績評価システムに求められる要件を明らかにする。また，戦略的業績評価システムの課題を明らかにする。

第2章　戦略的業績評価システムの今日的課題

はじめに

　グローバル化の進展，顧客ニーズの多様化，情報化社会への移行といった経営環境の変化によって，将来に対する不確実性が高まっている（櫻井，2003）。不確実性の高い経営環境では，その変化に対していかに戦略を対応させるかが重要である。現代の競争，技術および経営管理方法の変化によって，今日の企業は業績評価に，重大な変化が求められている（Johnson and Kaplan, 1987）。

　戦略を実現するには，戦略の業績評価が必要である。しかし，不確実な経営環境で戦略を実現させるには，伝統的な業績評価システムだけでは対応できない。不確実な経営環境でも確実に戦略を実現させる戦略的業績評価システムを検討する必要がある。

　戦略的業績評価システムの検討にあたっては，業績評価システムに関連する諸要素の関係性を明らかにしなければならない。経営環境の変化が，戦略や組織に影響を与えるからである（Chandler, 1964; Galbraith and Kazanjian, 1986）。経営環境の変化が与える影響は，業績評価システムのメイン・システムであるマネジメント・コントロール・システムでも同様である。マネジメント・コントロール・システムの役割と成果は，戦略，外部環境，技術，組織，組織規模や文化といった要素で異なる（Chenhall, 2003）。

　本章では，経営環境の変化と，そこで期待される戦略を明らかにして，経営環境に対応するための戦略的業績評価システムの要件を明らかにする。また，経営環境に対応するための戦略的業績評価システムを構築するために，本書の検討課題を明らかにする。

　第1節では，伝統的な業績評価システムから戦略的業績評価システムへと拡張した背景として，今日の経営環境を明らかにし，そこで期待される戦略を明

らかにする。第2節では，その背景との関係を検討しながら，戦略的業績評価システムに求められる要件について検討する。第3節では，本書の検討課題を明らかにする。

1. 経営環境の変化における戦略の役割期待

経営環境の変化によって，戦略に期待される役割が変化し，業績評価システムの役割の拡張を促している。本節では，経済のグローバル化，顧客ニーズの多様化，情報化社会への移行という順で経営環境の変化を明らかにするとともに，そこで期待される戦略を明らかにする。

1.1 経済のグローバル化

櫻井（2008）は，1980年代の日本企業は，「いいものを安く」作るために，徹底した品質管理と原価低減さえしていれば競争優位にたつことができたと指摘している。つまり，「いいもの」を作るために優れた品質管理を実行し，「安く」作るために優れた原価管理を実行することである。品質管理や原価管理を効果的に実行するために，マネジメント・システムやマネジメント・ツールが研究され実務への導入が進められてきた。たとえば，品質管理では，方針管理，品質機能展開（Quality Functional Deployment; QFD），ISO9000などが挙げられる。また，原価管理では，標準原価計算，原価企画，ABC（Activity Based Costing）などが挙げられる。

1990年代以降，中国に代表されるような新興国経済の発展によって，情勢が変化した。新興国企業が日本に比べて格段に安い人件費を武器にグローバル・ビジネスを展開するようになった。また，新興国企業でも同様にマネジメント・システムやマネジメント・ツールを活用するようになった。

従来通りの品質管理や原価管理を実行しているだけでは，競争優位を確保することが難しくなってきている。日本以外の国から圧倒的なコスト・リーダーシップを持つ企業が現れてくると，これまで日本企業が築いてきた競争優位が

失われていく。今日のわが国企業は，グローバル競争の中で，いかに競争優位を構築していくかが重要な課題である。

1.2 顧客ニーズの多様化

　経済のグローバル化は，国内だけの競争からグローバルな競争へと発展させた。グローバル競争によって，多種多様な製品やサービスが市場に溢れ，製品やサービスが供給過剰となってきている。供給過剰によって，製品やサービスを購入する側の顧客の立場が相対的に強くなるとともに，顧客ニーズが多様化してきた。企業は，これまで以上に顧客ニーズに適合した新しい製品やサービスを開発し，提供しなければならない。既存顧客のニーズを満たすだけでなく，新たな市場を開拓して顧客ニーズを掘り起こしていかなければならない。そのためには，新しい製品やサービスを創出するためのイノベーションをいかに起こすかがより重要となってきている。

　クリステンセン（Cristensen, 1997）は，イノベーションには2つのタイプがあると指摘している。すなわち，持続的イノベーションと破壊的イノベーションである。持続的イノベーションとは，市場で過去に成功した製品やサービスの性能を漸進的に高めるイノベーションである。持続的イノベーションによる新しい製品やサービスは，現行の製品やサービスの継続的な改善や改良を通して生み出される。既存市場の顧客満足を高めるために必要なイノベーションである。それに対して，破壊的イノベーションとは，現状では既存製品やサービスに対して性能が劣るが，将来的に既存の市場を凌駕するようなイノベーションである。

　破壊的イノベーションの事例として，3M社のポスト・イットの発明がある。破壊的イノベーションは，ある研究者が強力な接着剤を開発中に，偶然にも非常に弱い接着剤を作り出してしまったことにある。この弱い接着剤は当初，その用途が見つからなかったが，同僚によって本の栞に応用できないかと思いつき商品化したところ，世界的なヒット商品となった。ポスト・イットの事例のように破壊的イノベーションによる新しい製品やサービスは，現行の製品やサービスにはない新たな発想を通して生み出される。

破壊的イノベーションが重要な理由には，次のようなロジックがある。一般的に，一度成功した製品やサービスは，持続的イノベーションによって，既存顧客のニーズを満たすように価格や利益率を高めようとする。顧客満足も高まり，そこで得られる利益も大きくなる。しかし，その製品やサービスの価値を高めすぎて，既存顧客の求める以上のものとなったとき，既存顧客は破壊的イノベーションで創出された後発の製品やサービスの価値を無視できなくなる。その結果として，既存顧客が奪われ，市場での地位が失われてしまうというロジックである。

　今日のように，顧客ニーズが多様化した中では，顧客が製品やサービスを選択する主導権を持つ場合が多い。持続的イノベーションによって顧客ニーズを満たすような製品やサービスを提供していても常に最良の顧客という保証はない。企業は顧客ニーズの多様化によって，製品ライフサイクルが速く，すぐにコモディティ化してしまう現実に直面している。そのため，持続的な企業価値創造のためには，既存顧客だけでなく，新しい顧客や市場を創造するための破壊的イノベーションをいかに起こすかが成功の鍵となる。この点は，キムとモボルニュ（Kim and Mauborgne, 2005）の指摘とも合致する。キムらによれば，既存顧客に焦点を当てた既存市場で競争するほど，コスト低減や品質向上への圧力がかかると指摘して，新しい顧客や市場をいかに開拓するかが重要であると指摘している。

1．3　情報化社会への移行

　世界の主流は，工業中心の社会から情報化社会へ移行してきた。情報化社会ではITの役割が大きくなってきている。工業中心の社会と情報化社会の違いを，アーサー（Authur, 1996）は，収穫逓減と収穫逓増という2つの観点で指摘した。

　収穫逓減とは，土地，労働，資本の投入から得られる利益が，それらの投入量の増加に従って増えるが，様々な制約によって，その増え方が徐々に小さくなることを意味する。製造業では，製品を製造するための設備能力や労働力に限界がある。そのため，生産の規模を拡大するほど設備能力や労働力への追加

的な投資額も大きくなるため，単位生産量あたりの利益が少なくなっていく。

収穫逓増とは，市場やビジネス産業で，デファクト・スタンダードとなれば，特定の資源のわずかな投資で利益が拡大していくことを意味する。たとえば，OS（Operating System; オペレーティング・システム）は，典型的な収穫逓増の産物である。OSなどのソフトウェアは複製のコストが非常に低く，何度利用してもその価値は減らない。そのため，一度，開発されてデファクト・スタンダードになれば，規模や範囲を拡大するほど，得られる利益も大きくなる。

工業中心の社会では，有形資産が中心であり，収穫逓減が主流である。建物や工場設備などの有形資産は，活動するとともに消費されるので，有形資産の価値は活動が行われるごとに低減する。投入された資源を，ムリ・ムダ・ムラなく効率的に管理するかが重要であった。それに対して，情報化社会では，情報や知識などの目に見えない無形の資産が中心であり，収穫逓増が主流となる。この収益逓増の産物を享受するには，目に見えないインタンジブルズ（intangibles）を管理しなければならない。しかし，インタンジブルズの管理の方法は，有形資産とは異なる。

情報やスキルなどのインタンジブルズは，一度構築してしまえば，いくら利用しようがその価値は低減しない[1]。有形資産のように効率的に管理する必要がないからである。インタンジブルズは，規模や範囲を拡大するほど利益を生み出すため，インタンジブルズに対して積極的な投資を行わなければならない。

1．4　戦略への役割期待

グローバル化，顧客ニーズの多様化，情報化社会への移行という経営環境の変化のもとでは，戦略に期待される役割が大きい。戦略には，少なくとも3つの役割が期待されていると考えられる。

第1は，選択と集中である．経済のグローバル競争のもとで，より効果的な経営活動を支援するからである。ポーター（Porter, 1996）は，個々の活動に優れるだけではなく，その活動間でトレードオフとならないような活動を選択

し，活動間を戦略的に関連づけなければならないと指摘している。つまり，戦略によって，活動を総花的に行うのではなく，活動を選択し集中して競争優位を構築する必要がある。

第2は，破壊的イノベーションの創造である。既存顧客の価値を高めるだけでなく，新規顧客や市場を開拓しなければならないからである。現状の分析だけでは，破壊的イノベーションを予見することは難しい。破壊的イノベーションによる製品やサービスは，当初はその性能が低く，市場での地位も高くはないからである。したがって，戦略は，現状の延長線上で戦略を計画したものだけでなく，企業理念や将来のビジョンに基づくと同時に，日々変化する市場の情勢などの外部環境に適応しながら形成していかなければならない。

第3は，インタンジブルズの管理である。情報化社会への移行によって，競争優位の源泉が，有形資産からインタンジブルズへと変わってきたからである。レブ（Lev, 2001）は，インタンジブルズが企業価値に与える影響が大きくなってきていると指摘している。伊丹（2004）は，インタンジブルズが，現代の競争優位の源泉であって，戦略に基づいて管理すべきであると指摘している。したがって，インタンジブルズは，戦略的に管理される必要がある。

2. 戦略的業績評価システムの要件

廣本（2004）は，変化する環境のもとで，伝統的なマネジメント・コントロール・システムに対して，現代のマネジメント・コントロール・システムには，市場志向のシステム，戦略的変数を組み込んだシステム，学習する組織を支援するシステムが必要であると指摘している。市場志向のシステムとは，市場情報を直接的に組織内に取り込み，従業員と市場を直接的に結びつけようとするシステムである。戦略的変数を組み込んだシステムとは，戦略を反映した変数を組み込んだシステムである。戦略学習する組織を支援するシステムとは，絶えざる変革を実現するために，従業員の英知を結集するためのシステムである。

本節では，マネジメント・コントロール・システムのサブ・システムである

戦略的業績評価システムにおいても，廣本（2004）の指摘を適用する必要があると考えられる。ここでは，廣本（2004）の指摘を援用して，戦略的業績評価システムに求められる3つの要件を明らかにする。すなわち，市場志向の業績評価システム，戦略コントロールのための業績評価システム，インターラクティブ・コントロール・システムとして成立する業績評価システムである。

2.1　市場志向の業績評価システム

　管理会計は，アメリカの伝統的なシステムに基づいて構築され発展してきた（廣本，1993）。アメリカの伝統的なシステムは，標準化を軸とする大量生産・大量消費を前提とした科学的管理法に端を発する。生成期の管理会計では，市場志向というよりも，企業内の組織に焦点を当て，業務活動を標準化し業務活動を効率化するかが重要な課題であった（廣本，2004）。業務活動を標準化し業務活動を効率化するには，トップ・ダウン型のマネジメント・コントロール・システムが有効である（Simons, 1995）。上司は部下に対して標準にしたがうように要求し，部下は標準通りに仕事をすることが求められる。

　伝統的なマネジメント・コントロール・システムでは，組織のコントロールに重点があり，機械的な組織を前提としている（Burns and Stalker, 1961）。マネジメント・コントロール・システムの手段として，予算管理や標準原価管理などの責任会計システムが有効に機能してきたのは，このためである。また，責任会計システムは，会計システムを管理者や組織に結びつけることによって，管理者や組織の責任と権限を明らかにできる。これが管理者や組織間の権限と責任の重複や欠落から生じる損失を回避するのに役立っていた。

　伝統的なマネジメント・コントロール・システムは，大量生産・大量消費の経営環境では有効である。製品やサービスを作れば売れるため，プロダクト・アウトの発想で，業務活動を効率化し，規模を拡大することによって単位あたりの原価を引き下げることで，組織全体の業績向上につながっていたからである。

　今日のように顧客ニーズが多様化してくると，同一規格の製品やサービスをいくら作っても売れにくい。業務活動の効率化による原価低減は相変わらず重

要であるとしても，マーケット・インの発想で，市場に目を向けて，市場のどこに需要があるのかを発見したり，市場の需要を増やすための方策を考えたりすることがより重要である。

今日のマネジメント・コントロール・システムでは，組織に焦点を当てるだけではなく，市場へ焦点を当てることが相対的に重視されるようになってきている。廣本 (1986) も指摘しているように，市場の要請に業務活動を適応させるコントロール・システムが必要とされている。戦略的業績評価システムも，市場の情報を反映し，市場への適合を支援するための市場志向の業績評価システムでなければならない。

他方，市場の要請に業務活動を適応させることは，インタンジブルズの管理にも重要である。インタンジブルズは，業務活動や顧客への価値提供を通して，その価値が創出されるからである。優れた知識を持っていても，マネジメント・プロセスを通し，それが顧客にとって価値のあるものでなければ，そのインタンジブルズは宝の持ち腐れである。

2.2 戦略コントロールのための業績評価システム

伝統的なマネジメント・コントロール・システムについては，アンソニー (R. N. Anthony) によるマネジメント・コントロール・システムが一般に受け入れられている（伏見，2001）。伝統的なマネジメント・コントロール・システムでは，戦略が所与としてあり，その戦略を実現するための手段としてマネジメント・コントロール・システムが位置づけられている（伏見，2001）。言い換えれば，伝統的なマネジメント・コントロール・システムでは，戦略の修正を前提としていないという特徴がある（伊藤，2007）。また，伝統的なマネジメント・コントロール・システムでは，意図された戦略に基づいて組織目標を達成することを前提としているという特徴もある。

伝統的なマネジメント・コントロール・システムである予算管理は，戦略に基づいて予算編成が行われる。実績が思わしくない場合は，その活動の予算や活動を修正しなければならない。予算管理で修正予算をたてることはあっても戦略自体を修正する機能はない。つまり，伝統的なマネジメント・コントロー

ル・システムは，戦略を正しく行うためのものであって，実行された戦略が正しかったかを問うものではなかった（Merchant and Van der Stede, 2003）。今日のように，経営環境の変化が激しい場合は，一度策定された戦略を前提とするのではなく，戦略を修正していくことが求められる。

　戦略を修正するには，戦略コントロールが必要である。戦略コントロールとは，意図された戦略が，実行され，戦略実行による業績を評価して，戦略実行や戦略の修正へとフィードバックするプロセスである（Schreyogg and Steinmann, 1987; Freble, 1992; Merchant and Van der Stede, 2003）。経営環境の変化に対応するための業績評価システムの要件として，戦略を所与とせず戦略を対象とした仮説検証を行い，必要に応じて戦略の修正を支援することが求められる。

2.3　インターラクティブ・コントロール・システム

　戦略コントロールでは，意図された戦略を実現するという前提がある。しかし，廣本（2004）が指摘しているように，従来は不確実性といっても，製品の販売数量や価格を特定できなかったり，変数の値を特定できないといった不確実性であった。現代は，どのような変数が関係してくるかわからないという意味の不確実性に直面している。不確実性の高い経営環境では，計画的な戦略を策定することが難しい。計画的な戦略が，将来を予想して戦略を策定するからである。経営環境の変化によって計画段階では想定されていない事象があれば，計画的な戦略では，環境の変化に対応できない。

　クリステンセンら（Christensen and Reynour, 2003）は，破壊的イノベーションが，意図された戦略から生まれるのではなく，従業員の日々の試行錯誤の結果から生じると指摘している。破壊的イノベーションによって，エクセレント・カンパニーとしての地位が失われた企業では，既存顧客のニーズを満たすように，計画的な戦略を策定し実行することに特化したマネジメント・システムが構築されていた。計画的な戦略に関わる責任と権限を明らかにし，予算管理を行って業務活動を管理するという教科書[2]通りのマネジメント・システムである。

教科書通りのマネジメント・システムでは，収益性や利益率の劣る顧客を排除し，収益性や利益率の高い顧客へ資源を集中するように促す傾向がある。しかし，破壊的イノベーションは，収益性や利益率の劣る顧客によって生み出される。破壊的イノベーションを起こすには，既存顧客のニーズにとらわれるのでなく，収益性や利益率の劣る顧客に対して新しい製品やサービスを提案することが重要となる。破壊的イノベーションを起こすには，予測できない機会や脅威に対応しなければならない。

　計画的な戦略に対して，ミンツバーグら（Mintzberg, 1994; Mintzberg *et al.*, 1998）は，創発戦略のように意図されない戦略があると指摘している。創発戦略とは，予測できない機会や脅威に従業員が対応し，従業員が試行錯誤を繰り返しながら，企業内で自然発生的に創出されてくるパターン（Pattern）である。たとえば，3Mのポスト・イットのヒットは，意図された戦略ではなく，従業員の試行錯誤によって創出された創発戦略の事例である。この創発戦略は，計画的な戦略とは本質的に異なっている。創発戦略の特徴は，戦略を計画するのではなく，戦略の実行者の試行錯誤による日々の学習を通して形成されるという特徴がある。

　創発戦略を支援するには，インターラクティブ・コントロール・システムが有効である（Simons, 1995）。インターラクティブ・コントロール・システムとは，経営者が部下の意思決定活動に経営者自身を密接に関与させるために利用する公式的な情報システムである（Simons, 1995）。つまり，予測されない機会や脅威に対応するには，業績評価システムをインターラクティブ・コントロール・システムとして機能させて，創発戦略を支援しなければならない。

3. 戦略的業績評価システムの検討課題

　経営環境の変化とともに，伝統的な業績評価システムから戦略的業績評価システムへと，業績評価システムが拡張してきた。不確実な経営環境では，戦略的業績評価システムを構築しなければならない。しかし，戦略的業績評価システムの構築に関して十分に検討されてきたとはいえない。本節では，戦略的業

績評価システムとして検討すべき課題を明らかにする。検討にあたっては戦略を，企業戦略，事業戦略，機能戦略に分類する。組織が採用する戦略によって，コントロール・システムに相違が生まれるからである（Snow and Miles, 1978; Simons, 1987）。企業戦略，事業戦略，機能戦略の順で，戦略的業績評価システムを構築するための検討課題を明らかにする。

3.1 企業戦略のための戦略的業績評価システム

　本社は，企業戦略に基づき，組織間を連携させることでシナジーを創出しなければならない（Kaplan and Norton, 2006）。戦略的業績評価システムは，組織間の連携によるシナジーの創出を測定しなければならない。しかし，シナジーの測定は，困難である（Ansoff, 1964）[3]。

　シナジーの測定における問題の解決策として，2つのアプローチが考えられてきた。第1に，事業ポートフォリオを構築するアプローチである（Barney, 1997）。第2に，組織間の連携を構築し，測定するアプローチである（Kaplan and Norton, 2006）。

　事業ポートフォリオを構築するアプローチは，本社が企業内にある組織を，戦略的事業単位（Strategic Business Unit; SBU）のように独立した事業体として組織化し，管理するアプローチである。事業ポートフォリオを構築することは，一般的によく知られたアプローチである。事業ポートフォリオは，1979年の調査によればフォーチュン500社の45％が利用していた（Haspeslagh, 1982）。このアプローチでは，各事業体間の連携によるシナジーの創出は無視される（Collis and Montgomery, 1998）。シナジーの創出は，本社が管理するのではなく，各事業体に任せる。本社は，事業体間によるシナジーの測定をしなくて済む代わりに，独立した各事業体をいかに組織化するかが問題となる（Haspeslagh, 1982）。

　しかし，事業体の独立性が高まるほど，各事業体間によるシナジー創出は阻害される（Barney, 1997）。また，リグレー（Wrigley, 1970）やルメルト（Rumelt, 1974）は，中核となる強みや経営資源を活用できるため関連多角化企業の方が無関連多角化企業よりも経済的業績が高いことを明らかにした。つ

まり，企業価値を創造するには，シナジーを無視できない。

ポーター (Porter, 1997) は，事業ポートフォリオを構築して管理するよりも，組織間で活動を共有して組織間の連携を構築する有効性を指摘している。事業間で活動を共有することによって，コスト低減や差別化が向上し，事業の競争優位が高まると指摘している。また，ハメルとプラハラド (Hamel and Prahalad, 1990, 1995; Barney, 1997) は，シナジーを創出できるために，コア・コンピタンスの共有が重要であると指摘している。

ポーターやハメルとプラハラドは，組織間の連携を図る方法について論じているが，シナジーの測定には具体的に言及していない。シナジーの測定に関して，アンゾフ (Ansoff, 1964) は，組織間の連携によって生じると予想されるシナジーの創出を事前評価することでシナジーを測定した。しかし，組織間の連携で創出されたシナジーの測定が困難であるからといって評価しなくていいわけではない。組織間の連携を構築したことによってシナジーが創出されたかを事後評価できなければ，組織間の連携を適切に行われているかを評価できないからである。評価には，事後評価のほかに，プロセス評価がある。プロセス評価として，キャプランとノートン (Kaplan and Norton, 2006) は，アラインメント評価を提案している。アラインメント評価は，組織間の連携を構築するためのシステムの状態を評価することである。

企業戦略の業績評価を検討した結果，組織間の連携によるシナジーを評価すべきであることがわかった。評価として，事前評価，事後評価だけでなく，プロセス評価が関連性を持たずに提案されてきた。これらを関連づけて体系的な検討を行ってこなかったといえる。したがって，組織間の連携によるシナジー創出のための戦略的業績評価システムを体系的に明らかにする必要がある。

3.2 事業戦略のための戦略的業績評価システム

事業戦略のための戦略的業績評価システムは，BSCが有効であろう。工業中心の社会から情報化社会へ移行し，競争優位の源泉は，有形資産からインタンジブルズへと移行してきた。競争優位は，事業戦略で構築されるのであり，戦略的業績評価システムとして，インタンジブルズを評価する重要性が増して

きている。しかし，有形資産を評価することは比較的容易であるが，インタンジブルズを評価することは困難である（Blair and Wallman, 2001）。

インタンジブルズを評価するためのツールとして，エドビンソンとマローン（Edvinsson and Malone, 1997）のスカンディア・ナビゲーター，サリバン（Sullivan, 2000）のICバリューチェーン，レブ（Lev, 2001）のバリュー・チェーン・スコアボードなどが提案されてきた。スカンディア・ナビゲーターやバリュー・チェーン・スコアボードは，外部報告を志向するという特徴がある。また，エドビンソンとマローン（Edvinsson and Malone, 1997）およびレブ（Lev, 2001）は，インタンジブルズの評価として具体的な尺度を提案している。

戦略的業績評価システムは戦略コントロールを支援する役割が必要であり，内部報告を目的としたものでなければならない。しかも，戦略を実現するために業績評価を行わなければならないため，戦略に従った尺度が設定されなければならない。しかし，スカンディア・ナビゲーターやバリュー・チェーン・スコアボードでは，BSCの戦略マップのような戦略を記述するためのツールが提案されていないため，戦略に基づいた尺度の設定を行うことができない。ICバリューチェーンは，インタンジブルズを管理することを目的として，定性的な尺度と定量的な尺度を設定する必要があると指摘しているだけで，具体的な尺度設定には言及していない。このようなインタンジブルズを測定するツールは，いまだ発展途上である。木村（2003）が指摘するように，インタンジブルズの評価システムとしてBSCが貢献できるといえよう。

BSCでインタンジブルズを評価するといっても，インタンジブルズに含まれるものは人的資産，情報資産，情報資産，プロダクト・ブランド，コーポレート・レピュテーションといったように多様である。その評価方法も見解の一致をみていない。キャプランとノートン（Kaplan and Norton, 2004）は，人的資産，情報資産，組織資産を評価するために，レディネス評価を明らかにしている。伊藤（2003）は，戦略テーマでコーポレート・ブランドを評価することを提案している。櫻井（2005）は，BSC全体でコーポレート・レピュテーションを評価することを提案している。等しくBSCによる評価といっても，取り上げるインタンジブルズの種類によってその測定方法が異なっている。イ

49

ンタンジブルズの業績評価システムは緒に就いたばかりで,体系的に研究を行ってこなかった。BSCでインタンジブルズを管理するための戦略的業績評価システムを体系的に明らかにする必要がある。

3.3 機能戦略のための戦略的業績評価システム

　機能戦略を持つ機能組織は,単独では存在できず,本社や事業組織との相互関係を構築することによって企業価値の創造に貢献する。伝統的な業績評価システムでは,コスト・センターと位置づけらており,コスト低減による業務の効率化が求められてきた。しかし,戦略は業務の効率化を志向するだけでなく,本社や事業組織の戦略実行を支援を評価できるような戦略的業績評価システムが必要である。

　キャプランとノートン (Kaplan and Norton, 2006) は,機能組織を管理するために,BSC,戦略支援のためのポートフォリオ,リンケージ・スコアカード,SLA (Service Level Agreement) を統合した業績評価を提案している。この機能戦略を管理するための業績評価システムは,IT組織,人事組織や財務組織などの機能組織で適用できる。

　ところで,機能組織には,プロフィット・センターとしてのシェアード・サービス会社のように,内部顧客にサービスを提供するだけでなく,外部顧客に対してサービスを提供して利益を獲得するという組織がある。小酒井(2008)は,プロフィット・センターとして位置づけられているIT組織では,事業組織と同じBSCを適用すべきであると指摘している。

　以上のように,機能戦略を管理するための戦略的業績評価システムは,コスト・センターとプロフィット・センターによって異なる。たとえば,コスト・センターがBSCを導入するとき,情報資産ポートフォリオを構築して支援する必要がある (Kaplan and Norton, 2001)。また,外部顧客を持つプロフィット・センターであれば,IT組織は,事業組織と同じBSCを構築することになる。

　機能組織の戦略的管理としては,人事や財務よりもIT組織の研究が進んでいる。そのIT組織でも戦略的役割を検討する必要がある,ヘンダーソンとベ

ンカトラマン（Henderson and Venkatraman, 1993）にしたがえば，IT組織の戦略的役割に3つあるという。第1に，事業戦略を策定し管理するという役割である。第2に，事業戦略の実行を支援する役割である。第3に，他組織の業務を革新する役割である。ヘンダーソンらは，IT組織の管理として提案した戦略整合モデルでは，戦略的管理をいかにすべきかを検討している。IT組織の戦略的な役割を明らかにしているが，その役割に基づいた業績評価については言及していない。機能組織の業績評価システムについては，BSCが有効であり，コスト・センターとプロフィット・センターへの適用ができる。ところが，戦略整合モデルが提案されているが，業績評価システムと結びついているわけではない。要するに，IT組織のマネジメントは研究が進んできたが，IT組織の戦略的業績評価システムを体系的には検討してこなかった。したがって，機能組織の戦略的業績評価システムとして体系的に明らかにする必要がある。

まとめ

本章では，経営環境の変化と，そこで期待される戦略を明らかにして，経営環境に対応するための戦略的業績評価システムの要件を明らかにした。また，経営環境に対応するための戦略的業績評価システムを構築するための検討課題を明らかにした。

経済のグローバル化，顧客ニーズの多様化，情報化社会への移行という経営環境の変化は，従来の大量生産・大量消費型のマネジメントのあり方に変化をもたらしている。経営環境の変化に対して，戦略には，より効果的な経営活動を支援するために活動を選択し集中し，競争優位を構築する役割が期待されている。また，現状の延長線上で戦略を計画したものだけでなく，日々変化する市場の情勢などの外部環境に適応する役割が期待されている。さらに，インタンジブルズを管理する役割が期待されていることを明らかにした。

経営環境の変化に対応するために，戦略的業績評価システムには，3つの要件を満たす必要があることを明らかにした。すなわち，第1に，市場への適合

を考慮した市場志向の業績評価システムであることである。第2に，戦略を必要に応じて修正するための戦略コントロールを支援することである。第3に，創発戦略を支援するためのインターラクティブ・コントロール・システムとして成立することである。

　戦略的業績評価システムの検討課題を，企業戦略，事業戦略，機能戦略に分類して明らかにした。企業戦略のための戦略的業績評価システムでは，組織間の連携によるシナジー創出のための戦略的業績評価システムを体系的に明らかにしなければならないことである。事業戦略のための戦略的業績評価システムでは，BSCでインタンジブルズを管理するための戦略的業績評価システムを体系的に検討しなければならないことである。機能戦略のための戦略的業績評価システムでは，IT組織の戦略的役割を明らかにし，その役割に応じて業績評価システム構築すべきかを体系的に検討しなければならないことである。

　次章以降で，これらの検討課題を明らかにする。また，企業戦略，事業戦略，機能戦略という3つの戦略を包括した戦略的業績評価システムの構築についても検討する。

注

(1) スキルや知識を持った従業員が退社してしまえば，その従業員が持つインタンジブルズの価値が減ってしまう場合もある。
(2) 教科書通りとは，伝統的なマネジメント・コントロール・システムを表す。
(3) シナジーを測定することが，困難であることに関して，Barney (1998) は，コカ・コーラ社を例に明らかにしている。コカ・コーラ社のコカ・コーラ事業部は，これまで長年にわたって莫大な投資を「コーク」というブランド・ネームに対して行ってきているが，同社のダイエット・コーク事業部は，自部門のマーケティング活動で「コーク」というブランド資産の一部を利用し恩恵を受けている。しかし，ダイエット・コークの成功が，すべて「コーク」ブランドのおかげかはわからない。ダイエット・コーク事業部は自部門独自のユニークな広告宣伝を展開し，ダイエット・コーク独自のロイヤルティの高い顧客層を開拓しているからである。結果として，ダイエット・コークの成功のどれくらいが「コーク」ブランドの貢献（シナジー効果）であり，どれくらいがダイエッ

ト・コーク事業部の功績かを評価することは困難となる。また，ブランドを共有するだけでなく，研究開発活動，物流などの共有などの組織間の連携を行うと，さらにシナジーを測定することが困難となる。このように，組織間の連携によるシナジーを測定するといっても，組織間の連携のための活動は，非常に複雑であり，その効果を測定することは時間も労力もかかる（Ansoff, 1964）。

第3章　シナジー評価のための戦略的業績評価システム

はじめに

　企業戦略の価値は，複数の事業を統合して運営される場合の価値が，個別で生み出される価値の総和よりも大きな価値を生み出せるかにかかっている（Barney, 1997）。企業戦略の意義は，効果的にシナジーを創出して企業価値を高めることにある。本社は，シナジーを創出するために，事業組織に限らず本社や機能組織などで組織間のアラインメント，すなわち組織間の連携を構築しなければならない。わが国でも，グローバル化による海外事業展開，2000年の連結会計制度の導入，純粋持株制度など，本社が積極的に下位の組織を管理する必要性が高まっている。

　本社が組織間の連携を管理するには，戦略的業績評価システムを構築し，組織間の連携によるシナジーを評価しなければならない。組織間の連携によるシナジーの創出を評価する方法には，3つのタイプが考えられる。第1に，組織間の連携を構築する前に，シナジーを事前に予測する事前評価である。第2に，組織間の連携の構築プロセスで評価するプロセス評価である。第3に，組織間の連携を行った後に，シナジーを評価する事後評価である。

　シナジーの評価に関して先駆的に検討したものとして，アンゾフ（Ansoff, 1965）の研究が挙げられる。この研究では，多角化戦略における戦略的評価の1つの要素としてシナジーの評価を論じている。事業を多角化することで，どのようなシナジーが得られるのかを事前に評価するものである。これに対して，キャプランとノートン（Kaplan and Norton, 2006）は，アラインメント評価を提案している。アラインメント評価は，組織間の連携を構築するためのシステムが整っているかどうかの状態を評価するものである。アラインメント評

価は，組織間の連携を構築するためのシステムの状態で評価するものであり，プロセス評価である。シナジーを財務的な成果で測定するのではなく，シナジーを生み出す要因を評価することで，シナジー創出を管理する。さらに，近藤（2006）は，M&A実施後のシナジー創出をキャッシュ・フローでとらえて評価すること提案している。これは，M&A実施後にその効果を評価するものであり，事後評価である。

3つの評価タイプは，これまで関連性を持たずに提案されてきた。これらを関連づけた体系的な検討は行われてこなかった。本章では，組織間の連携によるシナジー評価について，事前評価，プロセス評価と事後評価を体系的に検討する。

第1節では，シナジー創出のための企業戦略の役割を明らかにする。第2節では，シナジー創出のための組織間の連携とシナジーの評価について検討する。第3節では，シナジー評価として，事前評価，プロセス評価と事後評価を明らかにする。第4節では，事前評価，プロセス評価と事後評価の特徴を検討し，シナジー評価に焦点を当てて，いかに組織間の連携を構築すべきかを検討する。

1．シナジー創造のための企業戦略の役割

企業戦略を担当する本社には，少なくとも2つの役割がある。第1に，事業組織や機能組織などの組織を個別に管理する役割である。第2に，組織間の連携を構築する役割である。

第1の役割において，本社は，事業の進出や撤退，特定の事業に対する経営資源の配分を組織単位で行って管理する。個別の組織を管理するために，EVA，ROI，予算などの指標を用いて評価が行われてきた（Coopland *et al.*, 1994; Stewart, 1991）。この役割において，個別組織を対象に評価するため，本社はシナジーを評価することが難しい。第2の役割に関して，組織間の連携の管理するために，個別の組織に焦点を当てるのではなく，シナジーが創出されるように組織間の連携に焦点をあてて管理する。

組織間の連携に関して，リグレー（Wrigley, 1970）やルメルト（Rumelt, 1974）は，中核となる強みや経営資源を活用できるため関連多角化企業の方が無関連多角化企業よりも経済的業績が高いことを明らかにしている。リグレーやルメルトの指摘から，組織間の連携される方が，企業価値により大きな影響を与えることがわかる。要するに，本社は，組織間の連携を構築してシナジーを創出しなければならない。

シナジーを創出するには，企業戦略として組織間の連携を構築する必要がある。組織間の連携をあらゆる面で構築することはコスト・ベネフィットの点から有効ではないからである。また，組織間の連携には，組織間で活動やコア・コンピタンスを共有することが必要である（Barney, 1997）。

活動の共有に関して，ポーター（Porter, 1987）は，コスト低減や差別化が向上し，事業の競争優位が高まると指摘している。また，活動共有によるメリットが共有のためのコストを上回り，事業部間の協力が動機づけられ強化されるような組織環境が必要であるとしている。コア・コンピタンスの共有に関して，ハメルとプラハラド（Hamel and Prahalad, 1990; 1995）は，顧客価値を高め，競争優位を確保し，新しい製品やサービスに利用できると指摘している（Hamel and Prahalad, 1995）。

組織間の連携の構築にあたって検討すべき点もある。グールドとキャンベル（Goold and Campbell, 1998）が指摘しているように，シナジーは売上に大きな貢献をする可能性は秘めているが，シナジーを追及し過ぎて，かえって価値破壊する場合がある。シナジーを過大評価し，それにかかるコストを過小評価してしまうためであるという。効果的な組織間の連携を構築するためには，組織間の連携によって生まれるシナジーをいかに評価するかが重要となる。

2. シナジー創造のための組織間の連携と評価

本社がシナジー創出を評価するには，どの組織の連携を構築するかを明らかにしなければならない。本節では，組織間の連携をキャプランとノートン（Kaplan and Norton, 2006）のアラインメント・チェックポイントに基づいて

明らかにする。また，評価方法について，事前評価，プロセス評価，事後評価を明らかにする。

2.1 組織間の連携

　本社が組織間の連携を管理するには，どの組織を連携させ管理するのかという管理範囲を明らかにしなければならない。組織間の連携といっても，本社が，部，課，グループレベルまでの組織間の連携を管理すれば，管理コストがかかりすぎる可能性がある。また，内部組織だけでなく，提携企業やサプライヤーなどの外部組織との連携もシナジーの創造には必要な組織である。連携させる組織の対象と連携の方法の2つの要素によって，本社の期待する成果と組織間の連携のためのコストが決まる。

　組織間の連携に関して，キャプラントとノートン (Kaplan and Norton, 2006) による，アラインメント・チェックポイントを基に明らかにする。アラインメント・チェックポイントは，8つのアラインメント・チェックポイントからなる（図表3.1）。

　第1のチェックポイントは，企業戦略の管理に関するものである。企業戦略の策定と管理は，本社のトップ・マネジメントが組織間の連携を構築するための前提条件である。第2のチェックポイントは，企業の取締役会及び株主と本社の本部との連携に関するものである。取締役会は，企業戦略を検討し，承認し，監視しなければならない。第3のチェックポイントは，企業戦略と本社の機能組織の連携に関するものである。本社の機能組織とは，全社レベルの支援業務を管理する組織である。本社の機能組織は，企業戦略に基づいて全社レベルの支援業務を管理しなければならない。第4のチェックポイントは，本社と事業組織の連携に関するものである。企業戦略を，事業組織の事業戦略に反映させることで，企業戦略と事業戦略が関連づけられ，全社的な企業価値向上への基盤が整う。第5のチェックポイントは，事業組織と事業組織内の機能組織との連携に関するものである。事業会社・事業部には，経理，人事，品質保証などの機能組織がある。これらの機能組織は，事業戦略の効果的な実行を支援する役割がある。第6のチェックポイントは，顧客と事業組織との連携に関す

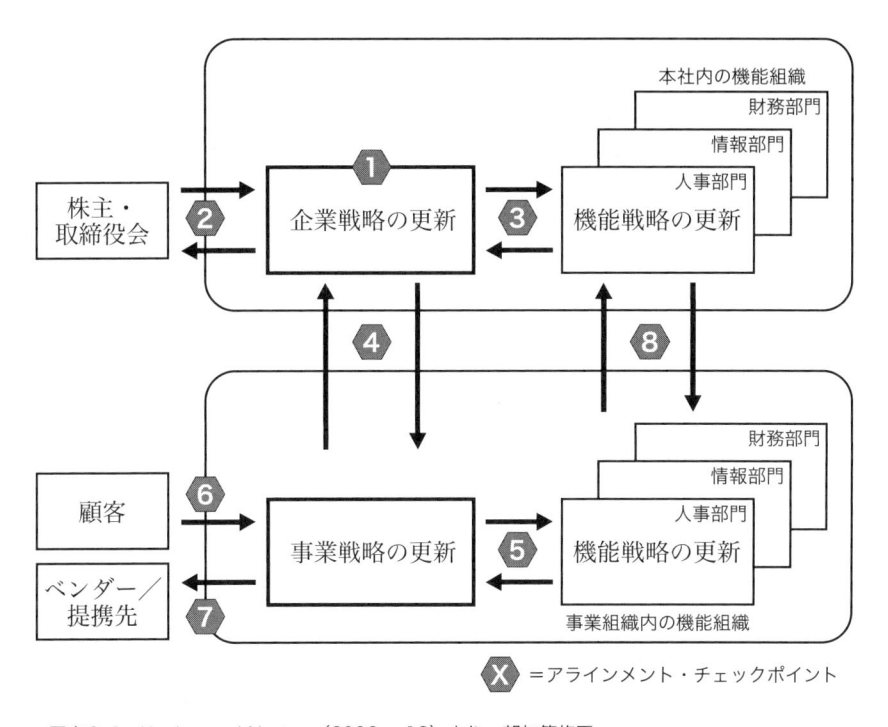

図表3.1　アラインメント・チェックポイント

図表3.1　Kaplan and Norton（2006, p.12）より一部加筆修正。

るものである。事業組織が持続的な競争優位を構築するためには，事業戦略の実行を通して，顧客との関係を構築し，顧客価値を高めていかなければならない。第7のチェックポイントは，事業組織と外部パートナーとの連携に関するものである。製品やサービスの品質，コスト，納期などを改善するためには，内部組織だけなく，外部組織を含めてマネジメント・プロセスを構築する必要がある。第8のチェックポイントは，本社と事業組織の機能組織の連携に関するものである。事業組織の機能組織は，事業戦略の実行を支援するだけなく，本社の機能組織の方針を反映することによって，企業戦略の実行を支援する役割がある。

アラインメント・チェックポイントの特徴は，本社の立場から組織間の連携を機能組織，外部パートナー，取締役会などの組織間の連携でとらえている点である。バーニー（Barney, 1997）は，多角化と経済的業績に関する数多くの研究があると述べている。しかし，多角化の論点は事業の拡大にあり，機能組織は無視されることが多かった。また，事業組織に焦点を当てた研究が中心であるため，キャプランとノートンのように本社，機能組織，外部パートナーなどとの包括的な組織間の連携については十分に論じられてこなかった。

2.2 組織間の連携によるシナジー評価

組織間の連携の評価には，すでに明らかにしたように事前評価，プロセス評価，事後評価という3つのタイプがある。この3つのタイプの評価方法が企業戦略にどのように関係しているのかを明らかにする。

事前評価は，企業戦略の計画段階で行われる評価である。たとえば，組織間を連携させることによって，どのくらいのコスト低減や収益増が見込めるのかを評価することである。事前評価によって，将来のシナジーを予測することで，企業戦略の実現のために有効な組織間の連携を策定することができる。

プロセス評価は，企業戦略の実行段階で行われる評価である。組織間でいかに構築され管理されているかが，システムが整備されているかで評価される。プロセス評価の主眼は，シナジーそのものを評価するのではなく，組織間の連携の状態を評価することによって，シナジーを間接的に測定することである。たとえば，企業戦略に基づき組織間でSLAを構築することによって，組織間の連携を評価することが考えられる。SLAは，サービス提供者と委託者の間における組織間の連携を構築するためのシステムとして考えることができる。

事後評価は，組織間の連携による成果に焦点をあてた評価である。プロセス評価と異なって，事後評価では，シナジーを財務成果で直接的に測定できる。たとえば，組織間の連携を構築したことによって，どのくらいのコスト低減や収益増を実現できたのかを評価することである。

3. 組織間の連携における事前評価, プロセス評価, 事後評価

　組織間の連携によるシナジーを評価するものとして, 事前評価では, アンゾフ (Ansoff, 1965) の戦略的評価を取り上げる。プロセス評価では, キャプランとノートン (Kaplan and Norton, 2006) のアラインメント評価を取り上げる。事後評価では, 近藤 (2004) のシナジー評価を取り上げる。

3.1 シナジーの事前評価

　アンゾフ (Ansoff, 1965) は, 事業の多角化の意思決定における戦略的評価として, シナジー評価について言及している。このシナジー評価では, 企業戦略の計画段階において内部評価と外部評価という2つの評価が必要であると指摘している。

　内部評価とは, 企業が多角化しないで経営課題を解決できるかどうかを評価することである。達成すべき目標と現状を比較し, 目標と現状とのギャップを埋めるために, 利用可能な経営資源や制約要因を考慮して, 多角化が適当かを意思決定するために行う。

　外部評価とは, 多角化の機会に焦点を当てて, 事業の成長と収益性の特性や, シナジーの潜在性を測定することである。内部評価で多角化が適当であると意思決定された事業を最終的な多角化の意思決定を行うために外部評価がある。評価する基準は, 経済的基準, 進出コストの基準, シナジーの基準である。

　経済的基準とは, 企業目標の達成可能性について, 将来予測をして評価するための基準である。資本利益率, 成長性, 安定性, 競争上の圧力などがある。進出コストとは, 多角化によって生じるコストを測定するための基準である。シナジーの基準とは, 事業で生じるシナジーを評価するための基準である。経済的基準, 進出コストの基準, シナジーの基準に基づいて, 多角化の意思決定では, 事業を定量的に評価することによって事業を優先順位づける。

図表3.2　戦略計画におけるシナジーの評価

基　　準	尺　　度
創業時におけるシナジー	成功に不可欠な技能 共通の管理技術 共通の組織能力 共通した設備
業務におけるシナジー	新製品によって新しい市場が生まれる潜在的な可能性 施設の相互利用 間接費の相互負担 直接費における規模の経済 研究開発の相互利用 間接業務の相互利用

Ansoff（1969, p.160）より筆者一部修正。

　シナジーの評価に関して，アンゾフは図表3.2のような尺度を提案している。シナジー評価にあたり，創業時におけるシナジーと業務におけるシナジーという2つの基準で尺度を分類する。創業時におけるシナジーは，新製品を上市するときにシナジーの創出に必要な技能，管理技術，組織能力，設備能力を評価する。業務におけるシナジーは，業務の実行段階で生じるシナジーを評価する。

　アンゾフの戦略的評価には，検討すべき点として少なくとも2点ある。機能戦略の役割と事業評価の方法である。

　第1に，機能組織の役割を間接業務の共有によるコスト低減であるとしか考えていない。これは事業の多角化の意思決定に焦点を当てているためである。支援業務においては戦略を支援することによって企業価値に貢献する役割があることを考慮しなければならない。また，外部パートナーや取締役会との連携も同様である。

　第2に，事業評価について，事業をそれぞれの尺度で定量化したときに，それぞれの項目をどのように重みづけ順位づけるかという課題がある。たとえ

ば，「成功に不可欠な技能」と「新製品によって新しい市場が生まれる潜在的な可能性」という異なる性格を持つ項目で，重みづけをどのようにするかを検討しなければならない。

3.2　シナジーのプロセス評価

　キャプランとノートン（Kaplan and Norton, 2006）は，組織間の連携をプロセスで評価するためにアラインメント評価を提案している。アラインメント評価とは，企業戦略を実行するために，組織間の連携がはかられているかを評価することである。アラインメント評価は，組織間のアラインメントの状態，つまり，組織間の連携をするために必要なシステムを評価していることに他ならない。アラインメント評価の主眼は，組織間の連携の成果を評価するのではなく，成果を高めるためのプロセスを評価することにある。

　アラインメント評価における評価尺度は，図表3.3で示したように，8つのアラインメント・チェックポイントとしてまとめられている（Kaplan and Norton, 2006）。また，それぞれのアラインメント・チェックポイントに対しサブ・プロセスとしてアラインメントを構築するためのシステムが整備されていかどうかを評価するための尺度を設定し評価する。

　たとえば，第1のチェックポイントでは，全社価値提案が明確になっているかどうかを評価する。全社価値提案とは，組織全体でシナジーを創造するための事業横断的な一連の戦略目標である。このチェックポイントでは，「全社スコアカードの明確性」というサブ・プロセスを設定し，その評価として「全社スコアカードが作成され管理されているかの有無で評価する。これらの評価をもとに，システムが完全に整備されていれば100％として，逆に，全く整備されていなければ0％と評価する。

　第1のチェックポイントと同様に残りの7つのチェックポイントでも，サブ・プロセスを設定し，尺度を設定して評価する。8つのアラインメント・チェックポイントで評価を行って，1つでも評価が100％を下回るような場合があるとすれば，組織間の連携に必要なシステムが整備されていないことになる。この場合，組織間の連携が十分にとられていないと判断される。アラインメント

図表3.3 アラインメント評価

アラインメント・チェックポイント	サブプロセスの尺度	プロセス尺度の割合
1. 全社価値提案	全社価値提案の明確性 ☑ 全社BSCの明確性 ☑	100%
2. 取締役会／株主のアラインメント	全社BSCを通じた戦略に対する取締役の責任 ☑	100%
3. 本社と本社の機能組織	BSCと連携している本社のサポートユニットの割合 人事 ☑ IT ☑ 財務 ☑ その他 ☑	100%
4. 本社と事業組織	本社と連携しているBUの割合	100%
5. 事業組織と機能組織	機能組織と連携しているBUの割合 人事40％ IT55％ 財務80％	55%
6. 事業組織と顧客	BSCまたはSLAを利用する主要顧客の割合	40%
7. 事業組織とベンダー／アライアンス	BSCまたはSLAを利用する主要顧客の割合	30%
8. 事業部の機能組織と本社の機能組織	本社の機能組織の割合 人事100％ IT50％ 財務80％	80%

Kaplan and Norton（2006, p.251）より引用。

評価は，組織間の連携度合いを評価することによって，経営者に対して注意喚起する役割があるといえる。

　アラインメント評価には，どのような評価尺度を設定するかを検討しなければならない。キャプランとノートン（Kaplan and Norton, 2006）は，アラインメント評価の具体的な尺度について言及していない。図表3.3では，尺度をSLAが構築されているかどうか，BSCの尺度が共通しているかどうか，BSCを導入している割合などを尺度として取り上げている。また，本社と事業組織のアラインメント・チェックポイントの尺度のように，本社と連携している事業組織の割合としている。この点に関して，キャプランとノートン（Kaplan and Norton, 2006）は，アラインメント評価では，シナジーの創出ができそう

なシステムが整っているかを評価するための尺度を置くべきであると指摘している。

3.3 シナジーの事後評価

組織間の連携を事後評価するためには，組織間の連携を構築した後のシナジーを評価しなければならない。近藤（2004）は，M&Aで買収した企業を子会社化した場合のシナジーの評価について明らかにしている。M&Aを行った場合は，買収によって組織間に何らかの連携が構築され，その影響があらわれると考えられる。近藤（2004）は，これまでM&Aを行った後の評価が十分になされていなかったと指摘している。M&Aによるシナジーは，最終的に，どれだけ企業価値に貢献できるかという視点から見る必要があるという。想定されるシナジーが企業価値の源泉であるフリー・キャッシュ・フロー（FCF）にどのような影響を与えるのかを数量化することが重要であるという。また，シナジーは，FCFを構成する要素（売上の増大，売上原価の低減，販売費の低減，設備投資の低減，運転資金増分の低減）に関連づけて評価すべきであると指摘している。

近藤（2004）のシナジーの評価を図表3.4に示す。シナジーは，組織単位ではなく，事業単位で把握されている。グループ間取引が行われる場合，恣意的に取引価格が設定されることがあるため，個々のグループ企業の財務諸表ではシナジーに関する収益性等が十分に反映されない可能性がある。シナジーの測定では，グループ企業の連結事業単位で収益性等を把握することが重要である。反映されないシナジーを評価するためには，想定されるシナジーを特定し，これをシナジー項目の欄に記入する。次に，0期のキャッシュアウトフロー（COF）として買収に要した金額を入れる。第1期以降は，買収した事業からの正味キャッシュ・フロー（Net CF）と事業単位ごとに集計された計画値と実績値をシナジー項目ごとにそれぞれ記入する。シナジー項目に示された実績値のNCFの合計がシナジーである。0期のCOFに対してどれだけ回収できているかが，最終的なシナジーの評価となる。

近藤（2004）のシナジー評価には課題がある。組織間の連携によって複数の

図表3.4 シナジーの事後評価

シナジー項目		第0期 実績	第1期 計画	第1期 実績	第2期 計画	第2期 実績
買収した事業から CF	Net CF		XXX	XXX	XXX	XXX
	累計		XXX	XXX	XXX	XXX
No.1 在庫管理方法の見直しによる運転資金増分の低減	CIF		XXX	XXX	XXX	XXX
	COF		XX	XX	XX	XX
	Net CF		XXX	XXX	XXX	XXX
	累計		XXX	XXX	XXX	XXX
No.2 仕入先の集約化による原価の低減	CIF		XXX	XXX	XXX	XXX
	COF		XX	XX	XX	XX
	Net CF		XXX	XXX	XXX	XXX
	累計		XXX	XXX	XXX	XXX
合　　計	CIF		X,XXX	X,XXX	X,XXX	X,XXX
	COF	X,XXX	X,XXX	X,XXX	X,XXX	X,XXX
	Net CF	△X,XXX	X,XXX	X,XXX	X,XXX	X,XXX
	累計		X,X%	X,X%	X,X%	X,X%
IRR（内部収益率）			X,X%	X,X%	X,X%	X,X%

近藤（2004, p.22）より筆者一部修正。

シナジー項目に影響を与える場合，シナジーが，二重計上される可能性があるからである。既存事業による成果と買収事業の成果を区分できないことも十分考えられる。シナジーの効果が過大評価されたり過小評価されたりするという点では，事後評価もそれほど容易にはいかない。

4. シナジー創造のための戦略的業績評価システム

本節では，事前評価，プロセス評価，事後評価のそれぞれについて，シナジー創造のための業績評価の妥当性を検討する。

組織間の連携の事前評価は，企業戦略の計画段階で，限られた経営資源の中で有効な組織間の連携の構築を選択する。シナジーを予測しないで，無秩序に組織間の連携を構築することは，経営資源の無駄な消費につながる可能性がある。しかし，計画が策定されたからといって，その実行が確保されているわけではない。計画通りの実行を確保するためには，プロセス評価や事後評価を行う必要がある。プロセス評価は，シナジーを創出するためのパフォーマンス・ドライバーに焦点をあてて評価する。事後評価は企業戦略の成果に焦点をあてて評価する。

組織間の連携を構築するには，これらの評価がすべて行われることが望ましい。しかし，コリスとモンゴメリー（Collis and Montgomery, 1998）は，企業戦略を実行した後に，思わしくない結果が出たとしても，経営者にはその責任が問われてこなかったと指摘している。つまり，企業戦略の評価をすること自体，十分行われてこなかったと考えることができる。また，近藤（2004）の調査[1]によれば，実務ではM&A実施後にその効果測定を行っている企業は少ないと指摘されている。

効果測定が行われていない背景には，シナジーは予測も実績評価も困難であるためと考えられる。たとえば，2つの子会社間の組織連携を想定する。全体の業績が向上したとしても，その業績が組織間の連携によって向上したものとは限らず，それぞれの子会社の業績が向上したことが原因かもしれない。組織間の連携の効果を正確に評価するためには，組織間の連携によって生じた業績と，組織間の連携と関係なく生じた業績を，明確に区分して評価しなければならない。しかし，組織内には複数の活動が存在し，活動間は互いに関連しているため区分するのはそれほど単純ではない。逆に，組織間の連携による影響要因を詳細に分析して，効果を測定しようとするとコスト・ベネフィットの観点からいって現実的ではない。

シナジーを直接的に把握しようとする事前評価や事後評価には限界がある。アンゾフ（Ansoff, 1969）も，将来予想されるシナジーを正確に評価することが困難であることを認めている。予想されるシナジーが不明確である以上，シナジー創出を評価するためには，プロセス評価への期待が高まる。

プロセス評価にも限界はある。シナジーやシナジーを創出するプロセスがあ

る程度，予測可能でシナジーが測定できる場合に限られるからである。組織間が連携することで，意図されていなかったシナジー効果も生じうる。つまり，予測できないシナジーに対しては，事前評価，プロセス評価，事後評価でも対応できない。

予測できないシナジーを向上させるために，創発戦略を促すシステムを構築することで対応できる可能性がある。ミンツバーグ（Mintzberg, 1996）は，創発戦略とは，予測できない機会や脅威に従業員が対応し，従業員が試行錯誤を繰り返しながら，企業内で自然発生的に創出されてくるパターンである。

創発戦略を促すシステムの構築は，インターラクティブコントロール・システムとの密接な関係がある。インターラクティブ・コントロール・システムを構築できれば，企業の予測できない不確実性に対して従業員の対話を促進し，環境適応活動を動機づけ創発戦略を促進することができるようになる。事業組織がBSCをインターラクティブ・コントロール・システムとして利用して，事業組織と本社，機能組織，顧客やベンダーとのコミュニケーションを支援することができれば，組織間の連携を強化し，予測できなかったシナジーを創出できる。

アラインメント評価では，図表3.3のようにBSCなどのインターラクティブコントロール・システムが組織間で構築されているかを測定できる。アラインメント評価をすることによって，全社的にインンターラクティブ・コントロール・システムの導入を進めることができる。また，アラインメント評価を継続的に行い可視化することによって，組織間の構築が十分でないという情報が社内で共有されて，組織間の連携を促進するように従業員を方向づけることができる。つまり，アラインメント評価すること自体が，インターラクティブ・コントロール・システムの役割も持つ。

まとめ

本章では，組織間の連携によるシナジー評価について検討した。これまで，企業戦略によってシナジーを創出すべきであると指摘されてきた。しかし，シ

第3章 シナジー評価のための戦略的業績評価システム

ナジーの評価は，体系的には検討されてこなかった。

本社がシナジー創出を評価するために，まず，どの組織の連携を構築するかをアラインメント・チェックポイントで明らかにした。組織間の連携は，事業組織だけでなく，外部パートナー，取締役会などの組織間の連携で構築しなければならない。シナジーの評価には，3つのタイプがあると指摘した。すなわち，事前評価，プロセス評価，事後評価である。

事前評価は，企業戦略の計画段階で，限られた経営資源の中で有効な組織間の連携の構築を選択することができるが，その実行が確保されているわけではない。したがって，企業戦略の実行を確保するためには，プロセス評価や事後評価を行う必要がある。プロセス評価は，シナジーを創出するためのパフォーマンス・ドライバーに焦点をあてて評価できる。事後評価は企業戦略の成果に焦点をあてて評価できる。

シナジー評価をするには，3つの評価をすべて行うべきである。しかし，将来予想されるシナジー効果を正確に評価することが困難であり，シナジーという成果が不明確であるため，シナジー創出を評価するためには，プロセス評価であるアラインメント評価が有効であると考えられる。しかし，予測されないシナジーに対しては，事前評価，プロセス評価，事後評価のいずれでも対応できない。

予測されないシナジーに対しては，インターラクティブ・コントロール・システムを構築すべきである。アラインメント評価では，全社的にインターラクティブ・コントロール・システムの導入を促進するだけでなく，アラインメント評価自体が，インターラクティブ・コントロール・システムとしての役割も持つことができる。その点，アラインメント評価は，顧客との連携を考えていること，企業戦略を対象として測定していることで，インターラクティブ・コントロール・システムという機能を持つと考えられる。

注

(1) 近藤 (2004) は，M&Aを実施した企業を対象としたM&Aの実態調査を行っている。2003年10月にまとめられた調査結果（図表3.5）によれば，実際にM&Aを手掛けた企業のうち，「モニタリング方法の制定」，「モニタリング体制の確立」，「モニタリング指標の設定」という3つのプロセスを実施した企業は，それぞれ，10%，16%，12%しかなく，M&Aの実施前に3つのプロセスを重視しているかという問いに対しても，それぞれ，4%，12%，4%であったという。また，各プロセスにおいて，M&Aの実施後に3つのプロセスをしておけばよかったかという問いに対しては，56%，83%，100%であったという。以上のように，調査した企業では，M&Aを実施後の効果測定が十分に行われていないと考えられる。むしろ，調査した企業では，M&A実施後に，はじめて効果測定の必要性を認識する企業が多いこともわかる。

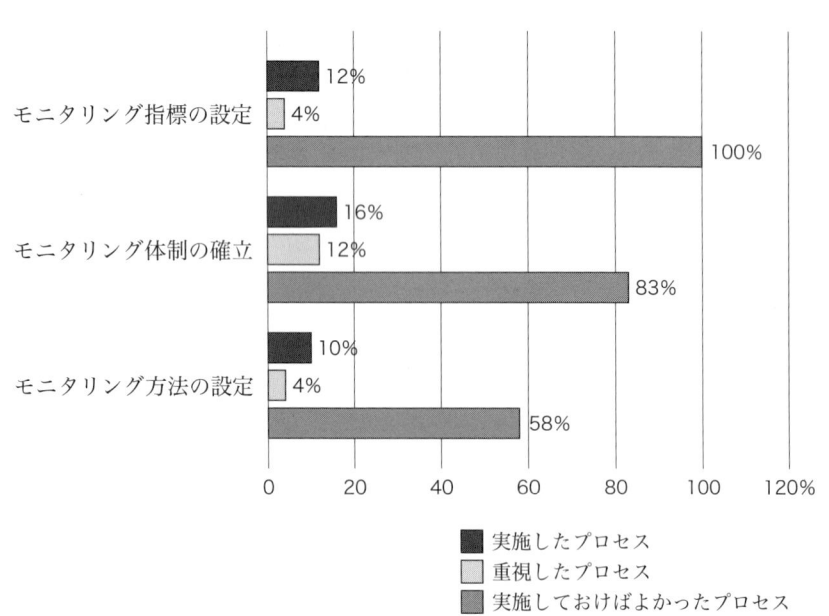

図表3.5　M&Aの効果測定に関する調査

プロセス	実施したプロセス	重視したプロセス	実施しておけばよかったプロセス
モニタリング指標の設定	12%	4%	100%
モニタリング体制の確立	16%	12%	83%
モニタリング方法の設定	10%	4%	58%

近藤 (2004, p.23) より引用。

第4章 競争優位構築のためのインタンジブルズ評価

はじめに

　持続的な企業価値創造に不可欠な要素として，インタンジブルズ（intangibles）がある（Lev, 2001）。インタンジブルズは，無形の資産や見えざる資産とも称される。インタンジブルズは，たとえば，特許権，人的資産，組織資産，情報資産，コーポレート・レピュテーション，スキル，設計図，開発途上の研究開発費，ブランド，人的資源制度，組織文化など多数ある（Blair and Wallman, 2001; Lev, 2001; Kaplan and Norton, 2004）。

　一方，競争優位の構築のために，インタンジブルズは，戦略的に管理されるべきであるという指摘がある（伊丹，2003；櫻井，2004）。インタンジブルズを戦略的に管理するためのマネジメント・システムとしてBSCが提案されている。しかし，業績評価に関して，ブレアとウォールマン（Blair and Wallman, 2001）は，インタンジブルズの測定が困難であると指摘している。

　BSCによるインタンジブルズの評価に関して，キャプランとノートン（Kaplan and Norton, 2004）は，人的資産，組織資産，情報資産を取り上げ，BSCの4つの視点の学習と成長の視点とを関連づけて評価している（Kaplan and Norton, 2004）。また，伊藤（2003；2007）は，ブランドを戦略テーマとして関連づけて評価している。さらに，櫻井（2005）は，コーポレート・レピュテーションをBSC全体に関連づけて評価している。BSCによるインタンジブルズの評価は，インタンジブルズの種類によって測定方法が異なる。このようなインタンジブルズの業績評価システムは緒に就いたばかりで多様な提案に対して，体系的な研究は行われていない。

　本章では，BSCによるインタンジブルズの評価を体系的に整理し，インタン

ジブルズを評価するための戦略的業績評価システムのあり方について検討する。第1節では，インタンジブルズをなぜ戦略的に管理すべきかを明らかにする。第2節では，BSCによるインタンジブルズの評価方法を明らかにする。第3節では，インタンジブルズのタイプ別事例に基づいてインタンジブルズの評価方法を明らかにする。第4節では，インタンジブルズ評価のための戦略的業績評価システムを検討する。

1. インタンジブルズの戦略的管理

インタンジブルズは，戦略的に管理することによって，持続的な競争優位を構築することができる。伊丹（2003）によれば，インタンジブルズが他の経営資源よりも競争優位の構築に役立つ理由として，3つの特徴を指摘している。第1に，インタンジブルズは流動性が低く購入できないことが多い。経営資源を購入できるとすると，より資金のある企業が支配できるので資金力が問題視される。流動性が低いため，内部で構築せざるをえない。第2に，インタンジブルズの構築に時間がかかる。インタンジブルズの構築に時間がかかれば，競争相手にも同様に模倣されにくく，競争優位を持続的なものにできる。第3に，複数の製品やサービスで同時多重利用ができる。たとえば，従業員のスキルは，何らかの理由で著しい価値毀損[1]がなければ，従業員のスキルを活用したからといって，その価値が減少することはない。また，従業員のスキルは，複数の製品やサービスにわたり同時に活用することで，範囲の経済を享受できる。

他方，インタンジブルズといっても，論者によってその定義が異なる。しかし，これらインタンジブルズのすべてが企業価値創造に役立つとは考えにくい。また経営資源には限りがあり，すべてを管理することはできない。企業価値創造のために必要なインタンジブルズを選択しなければならない。選択されたインタンジブルズには経営資源を積極的に投資して，その価値を高めなければならない。要するに，インタンジブルズを戦略に関連づけることで，インタンジブルズの選択と集中を行って，重点的に管理すべきインタンジブルズを識

別する必要がある。

　インタンジブルズを戦略的に管理するには，インタンジブルズが戦略実現に貢献しているかを評価しなければならない。しかし，インタンジブルズを定量化することが難しいため，客観的に把握できない。たとえば，人的資産は，訓練などにかかった費用は測定できても，企業価値にどのように貢献しているのかを測定することは困難である (Lev, 2001)。キャプランとノートン (Kaplan and Norton, 2004) によれば，インタンジブルズそれ自体には価値がなく，インタンジブルズが他の経営資源と結びついて価値を創造すると指摘している。そのためインタンジブルズと他の経営資源との結びつきを戦略目標間の因果関係という形をBSCで構築して，業績評価することを提案している。

2. BSCによるインタンジブルズ評価

　BSCのフレームワークは，戦略マップとBSCからなる。戦略マップは，戦略を記述するためのツールである (Kaplan and Norton, 2001)。したがって，インタンジブルズを戦略的に管理するには，インタンジブルズをBSCの戦略目標に関連づけなければならない。

　インタンジブルズは，戦略目標間のアラインメントと戦略実行のアラインメントを構築することで評価できる。戦略目標間のアラインメントとは，戦略目標間で因果関係を構築することである。戦略実行のアラインメントとは，戦略目標から，尺度，目標値，戦略的実施項目に落とし込むことである。

　学習と成長の視点の内部プロセスの戦略目標と関連づけることで，内部プロセスの視点の戦略目標を高める準備が整う。戦略実行のアラインメントを構築することで，戦略目標に対する尺度と目標値が設定され，内部プロセスの視点の戦略目標の実績値を評価することができる。

　BSCでインタンジブルズを評価するには，戦略目標間のアラインメントと戦略実行のアラインメントを構築する必要がある。しかし，その前提として，インタンジブルズをいかに戦略目標に関連づけるかが問題となる。インタンジブルズを戦略目標に関連づけるには，3つのタイプが考えられる。本章では，こ

の3つのタイプを,それぞれ,戦略目標タイプ,戦略テーマ・タイプ,企業価値タイプと呼称する。

戦略目標タイプとは,インタンジブルズを特定の戦略目標に関連づけて評価するタイプである。戦略テーマ・タイプとは,インタンジブルズを戦略テーマに関連づけて評価するタイプである。戦略テーマとは,差別化された価値提案を創造するための,ごく限られた数の重要なプロセスである (Kaplan and Norton, 2004)。つまり,インタンジブルズを戦略テーマに関連づけるとは,特定の戦略目標ではなく,複数の限られた戦略目標にまたがって関連づけることである。企業価値タイプとは,インタンジブルズをすべての戦略目標に関連づけて評価するタイプである。次節では,戦略目標タイプ,戦略テーマ・タイプ,企業価値タイプという3つの分類から,インタンジブルズの評価を検討する。

3. インタンジブルズのタイプによる評価方法

本節では,戦略目標タイプとして,人的資産を取り上げる。戦略テーマ・タイプとして,コーポレート・ブランドを取り上げる。企業価値タイプとして,コーポレート・レピュテーションを取り上げる。

3.1 戦略目標タイプのインタンジブルズ評価

戦略目標タイプのインタンジブルズの評価において,たとえば,キャプランとノートン (Kaplan and Norton, 2004) は,人的資産,情報資産,組織資産という3つを戦略目標タイプのインタンジブルズとして扱っている。コリソンとフランゴス (Collison and Frangos, 2002) の調査では,学習と成長の視点で6つの戦略目標に関連づけている企業が多いと指摘されている。人的資産では,①戦略的コンピテンシーを,情報資産では,②戦略的情報を,組織資本では,③組織文化,④リーダーシップ,⑤戦略の落とし込み,⑥チームワークという戦略目標である[2]。

戦略目標タイプの評価では，戦略目標の原因と結果という因果関係の中で，結果としての戦略目標に対して，原因としてのインタンジブルズを関連づけた戦略目標が方向づけられることが重要である。この方向づけによって，インタンジブルズの便益は，結果となる戦略目標が達成されることで明らかになる。

　人的資産，情報資産，組織資産という3つのインタンジブルズは，内部プロセスの視点の戦略目標との因果関係が十分に明確であったとはいえない。たとえば，人的資産に関連して従業員満足の向上を戦略目標に置いているケースにみられる（Kaplan and Norton, 1996）。従業員満足の達成によって，内部プロセスの視点の戦略目標は達成することになる。しかし，内部プロセスの視点の戦略目標との関係が明らかでないと，内部プロセスの視点の戦略目標にあまり影響しないような戦略的実施項目が設定される可能性がある。たとえば，人的資産では，社内教育，OJT，インセンティブ・システムなど，戦略実現への影響の大小を考えなければ，戦略的実施項目は無数に考えられる。限られた経営資源の中で，これらすべての戦略的実施項目を実行することは不可能であるし，効果的であるとは考えにくい。

　キャプランとノートン（Kaplan and Norton, 2004）は，戦略目標タイプのインタンジブルズを内部プロセスの視点の戦略目標へ方向づけるために，戦略的ジョブ・ファミリー，情報資産ポートフォリオ，組織変革の方針という3つの手法を取り上げている。ここでは，戦略的ジョブ・ファミリーに焦点を当てる。戦略的ジョブ・ファミリーは，図表4.1のように，コンピテンシーを有する従業員がこれらの重要な内部プロセスの視点の向上に最大の影響を持つ職位を規定し，必要な職務要件を記述し評価するために構築される（Kaplan and Norton, 2003）。まず，内部プロセスの視点の戦略目標を向上するための特定の職務群を戦略的ジョブ・ファミリーとして明らかにする。その戦略的ジョブ・ファミリーごとに，コンピテンシー・プロファイルとして，その詳細な職務要件を明らかにする。コンピテンシー・プロファイルは，知識，スキル，価値観という3つのカテゴリーに分類する。知識とは，仕事を行うのに必要とされる一般的な予備知識である。スキルとは，一般的な知識ベースを補完するための交渉力やコンサルタント技術などのスキルである。価値観とは，与えられた仕事で卓越した業績を創出するために求められる特性や行動である。

図表4.1 人的資産のレディネス評価

	卓越した業務		顧客管理	
戦略目標	問題の最小化	迅速な対応	製品ラインのクロスセル	適当なチャンネルへの変更
戦略的ジョブ・ファミリー	品質マネジャー	コール・センター代表	フィナンシャル・プランナー	テレマーケター
コンピテンシー・プロファイル	・シックス・シグマ ・問題管理 ・システム	・顧客関係センター（CIC） ・問題管理システム ・チーム・ビルディング	・販売ソリューション ・顧客関係管理 ・製品ラインの知識 ・公認 ・ファイナンシャル・プランナー	・電話セールス ・製品ラインの知識 ・注文管理システム
必要人員	30	20	100	20
戦略的ジョブ・レディネス	100% G	90% G	40% R	50% R

戦略的ジョブのレディネス率

Kaplan and Norton（2004, p.216）より引用。

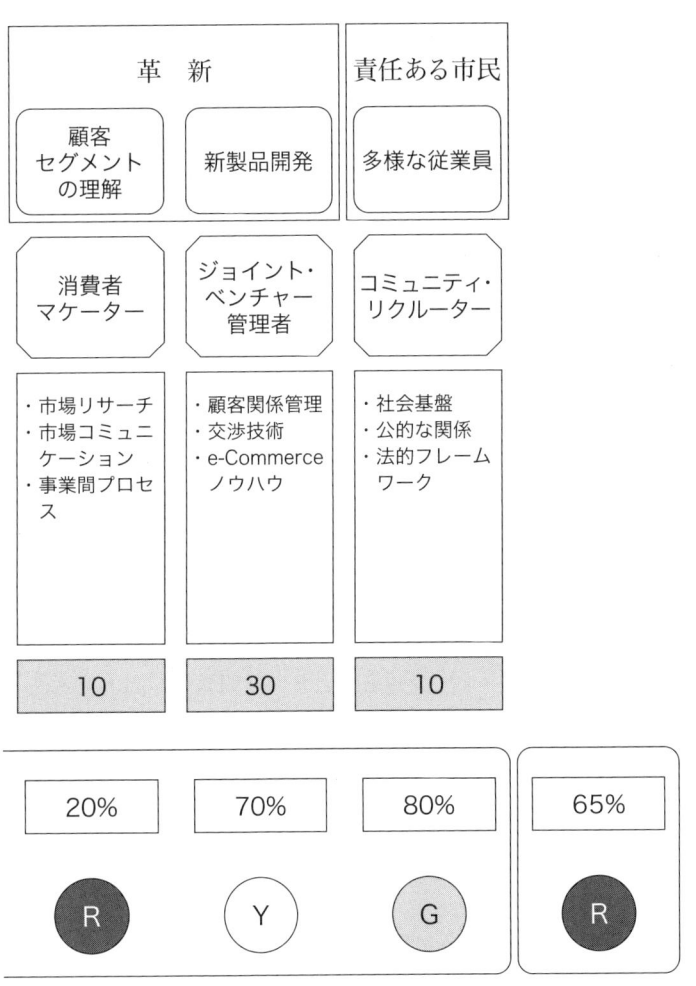

第4章 競争優位構築のためのインタンジブルズ評価

革　新		責任ある市民
顧客セグメントの理解	新製品開発	多様な従業員
消費者マケーター	ジョイント・ベンチャー管理者	コミュニティ・リクルーター
・市場リサーチ ・市場コミュニケーション ・事業間プロセス	・顧客関係管理 ・交渉技術 ・e-Commerceノウハウ	・社会基盤 ・公的な関係 ・法的フレームワーク
10	30	10

20%	70%	80%		65%
R	Y	G		R

人的資産
レディネス

77

コンピテンシー・プロファイルには，内部プロセスの視点の戦略目標を向上するために必要な人的資産のコンピテンシーに関する職務要件を記述する。コンピテンシー・プロファイルを記述することで，基準を満たすべき要員数を明らかにすることができる。また，コンピテンシー・プロファイルに記述された基準を満たす要員がどの程度いるのかという準備度合い，すなわち，レディネスを評価できる。レディネス評価をすることで，人的資産という戦略目標に関連づけられたインタンジブルズを評価できる。

　人的資産に限らず，情報資産と組織資産でも人的資産と同様に評価できる。内部プロセスの視点の戦略目標に影響を与えるように，情報資産と組織資産を必要なシステムや活動に細分化したポートフォリオを構築し，レディネス評価することで，学習と成長の視点の戦略目標に関連づけられたインタンジブルズを評価できる。

3.2　戦略テーマ・タイプのインタンジブルズ評価

　戦略テーマ・タイプのインタンジブルズは，ブランドのように複数の限られた戦略目標の成果と関連づけられるインタンジブルズである。たとえば，伊藤（2003, 2007）は，ブラント価値を戦略テーマとして関連づけている（図表4.2）。伊藤（2003; 2007）では，顧客の視点のブランド価値が，内部プロセスの視点の戦略目標である，品質向上，流通支配力と商品開発力が向上することで達成される。また，内部プロセスの視点の戦略目標は，学習と成長の視点の戦略目標である，経営者の能力と人材育成が向上することで達成される。さらに，ブランド価値の向上によって，最終的に財務の視点の企業価値が向上するという因果関係で成り立っている。つまり，複数の戦略目標間で，戦略目標間のアラインメントが構築されている。ブランド価値による便益は，財務の視点の戦略目標の実績値が向上することで評価できる。

　ところで，ブランド価値の評価には，パフォーマンス・ドライバーの評価が重要である。ケラー（Keller, 1998）は，ブランドが長期的に形成されるため，ブランドを評価するには，価値ドライバーを測定することが重要であると指摘している。価値ドライバーとは，ブランド価値を生み出す要因である。BSC

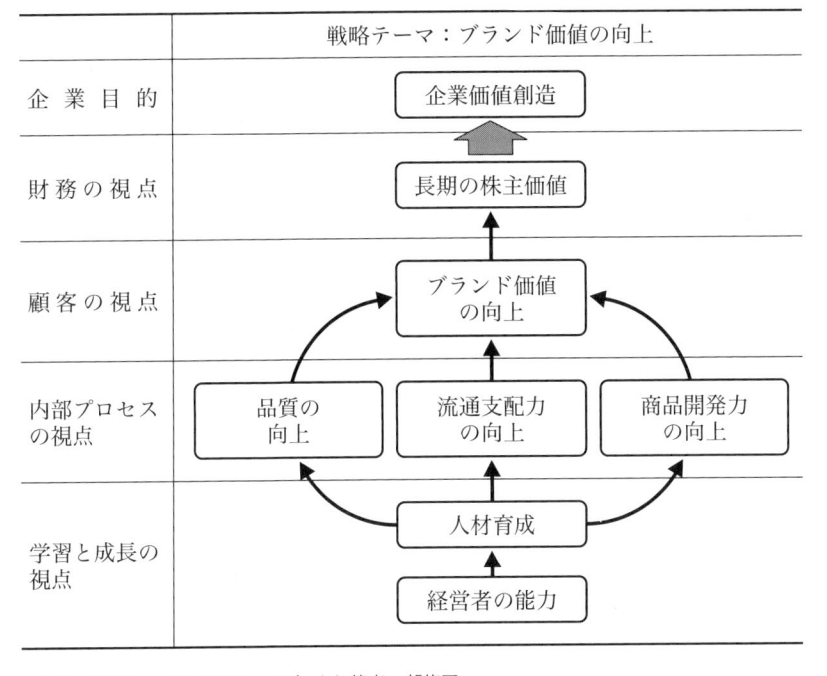

第4章　競争優位構築のためのインタンジブルズ評価

図表4.2　戦略テーマ・タイプの業績評価

	戦略テーマ：ブランド価値の向上
企 業 目 的	企業価値創造
財 務 の 視 点	長期の株主価値
顧 客 の 視 点	ブランド価値の向上
内部プロセスの視点	品質の向上　流通支配力の向上　商品開発力の向上
学習と成長の視点	人材育成 経営者の能力

伊藤（2003, p.62; 2007, p.81）より筆者一部修正。

では，価値ドライバーをパフォーマンス・ドライバーとして考えることができる。パフォーマンス・ドライバーとは，成果を生み出すための要因，もしくは先行指標である。戦略目標間のアラインメントが構築され，インタンジブルズの構築がうまく行われていることを前提とすれば，戦略目標間のアラインメントを構築することで，インタンジブルズの価値が高まることになる。たとえば，ブランドでは，品質の向上や流通支配力の向上といったブランド価値を高める戦略目標をパフォーマンス・ドライバーとして考えることができる。パフォーマンス・ドライバーを評価することで，ブランド価値を代替的に評価することもできる。以上のように，戦略テーマ・タイプのインタンジブルズは，戦略テーマに関連した戦略目標を対象に評価する。

3.3 企業価値タイプのインタンジブルズ評価

　企業価値タイプのインタンジブルズの評価は，BSCの戦略目標全体に関連づけられたインタンジブルズである。櫻井（2005）は，コーポレート・レピュテーションは，株主，顧客，従業員などのステークホルダーを満足させることで高まると指摘している。コーポレート・レピュテーションを高めることで，経済価値，社会価値，組織価値という企業価値が創造される。

　コーポレート・レピュテーションを管理するには，特定の戦略目標や戦略テーマに関連した複数の限られた戦略目標を高めるだけでは管理できない。ステークホルダー全体の価値を高める必要があるからである。したがって，櫻井（2005）は，図表4.3のように，戦略マップの戦略目標全体で，コーポレート・レピュテーションを管理すべきであると指摘している。図表4.3の戦略マップは，財務の視点，顧客と社会の視点，内部プロセスの視点，人的資源の視点という4つの視点のすべての戦略目標を向上させることで，コーポレート・レピュテーションが高まり，経済価値，社会価値，組織価値からなる企業価値が高まるという一連の因果関係を表している。

　図表4.3の戦略マップには，2つの特徴がある。第1に，顧客の視点を，顧客と社会の視点としてとらえていることである。この視点では，社会的な評価を取り入れることによって，新規顧客の獲得や既存顧客の定着だけでなく，株主の新たな投資を呼び込んだり，有能な人材の確保にも役立つと考えられる。第2に，学習と成長の視点を，人的資源の視点としていることである。コーポレート・レピュテーションを高めるには，従業員の満足を高める必要があるため人的資源という視点を設定していると考えられる。しかし，上位の視点を向上するためには，情報資産や組織資産のインタンジブルズが必要であり，このようなインタンジブルズに関する戦略目標も考えなければならない。

　コーポレート・レピュテーションの企業価値タイプのインタンジブルズを戦略へ方向づけるには，BSC全体で管理する必要がある。したがって，その評価もBSC全体で，実績値を測定し評価しなければならない。

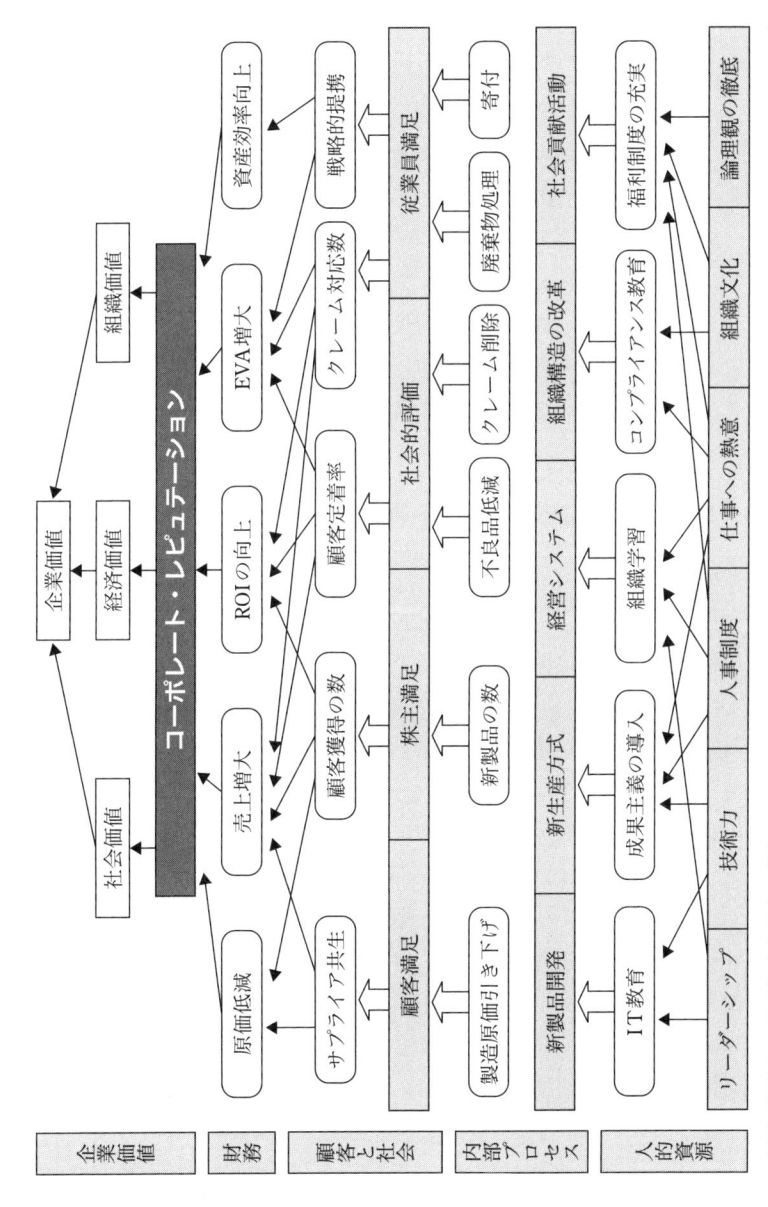

第4章 競争優位構築のためのインタンジブルズ評価

図表4.3 コーポレート・レピュテーションと戦略マップ

櫻井 (2005, p.243) より筆者一部修正。

4. インタンジブルズ評価のための戦略的業績評価システム

BSCでインタンジブルズを評価するには，戦略目標間のアラインメントが構築されていることが前提となる。しかし，BSCにおける因果関係はあいまいで十分に説明できない（Nørreklit, 2003）という指摘がある。戦略目標間のアラインメントが構築されないと，インタンジブルズを評価することができないことになる。本節では，戦略目標の因果関係の課題を明らかにし，BSCでインタンジブルズを評価する意義を明らかにする。また，企業価値創造のためのインタンジブルズ評価のあり方について検討する。

4.1 戦略目標間のアラインメントの課題

戦略目標間のアラインメントには，少なくとも2つの課題がある。第1に，BSCに限らず指標間の因果関係が統計的に実証されていないことである。第2に，BSCでは，戦略目標間の相互依存関係が考慮されていないことである。

第1の課題に関して，イットナーとラーカー（Ittner and Larcker, 2001）は，管理会計において財務業績と非財務業績の因果関係を検討することが1つの課題であると指摘している。このような因果関係に着目した研究として，たとえば，財務指標と顧客満足の指標の因果関係を統計的に実証しようと試みた研究がある（Ittner and Larker, 1998; Hoque and James, 2000; Banker et al., 2000）。しかし，研究によって，財務指標と顧客満足の指標に因果関係があると統計的な有意性を実証した研究もあれば，実証できなかったという研究もある。つまり，財務指標と顧客満足の指標の因果関係について明確な有意性があるとはいえない。

統計的な実証を阻害する要因には，少なくとも2つの理由が考えられる。第1の理由として，統計的な分析に用いるデータが公表データを用いるのか，アンケート調査として収集したデータかで，分析結果に違いが生じるからである。第2の理由として，組織による戦略の違いによって，統計的な分析の結果

に違いが生じるからである。同じ顧客満足度といっても，コスト優位戦略をとる組織と差別化戦略をとる組織では，その顧客満足度を高める方法は異なる。コスト優位戦略をとる組織では，業務の効率化を重点的に行うし，差別化戦略をとる組織では，新製品開発や顧客関係管理を重点的に行うのが一般的である。

第2に課題は，BSCにおいて視点に戦略目標を設定し戦略目標間の因果関係を構築しているが，戦略目標間の相互依存関係の可能性もあることである。BSCにおける4つの視点の関係は，学習と成長の視点を起点として，内部プロセスの視点，顧客の視点，財務の視点という順で因果関係が構築されている。しかし，特定の戦略目標に関連づけられた戦略目標の達成が，上位の視点の戦略目標の実績値だけに表れるとは限らない。

たとえば，ブランドの向上によって，有能な人材が集まったり組織文化が醸成されるという便益が生じることも考えられる。上位の視点である顧客の視点の戦略目標が下位の視点である学習と成長の視点の戦略目標に影響をあたえるという因果関係も成り立つ。つまり，逆向きの因果関係も考えられる。

BSCで戦略目標間の因果関係が，必ずしも構築できるとは限らない。つまり，BSCで評価したからといって，インタンジブルズを正確に評価できるとはいえない。

4.2 BSCによるインタンジブルズ評価の意義

BSCでインタンジブルズを正確に評価できるとはいえない。しかし，BSCによる評価は，正確に評価できないとしても，評価を通してインタンジブルズを評価することは有効であると考えられる。ここでは，その理由を明らかにする。

BSCにおける戦略目標間の因果関係に対して，キャプランとノートン（Kaplan and Norton, 2004）は，統計上の因果関係ではなく，仮説としての因果関係としてとらえている。BSCによって，戦略の仮説検証を行い，必要に応じて戦略を修正することを前提としている。因果関係が仮説であるという前提を置けば，戦略実行の過程で戦略目標間の因果関係を見直すことができる。同時に，

インタンジブルズ自体の管理方法も見直すことができる。

たとえば，顧客の視点で，ブランドが戦略目標に関連づけられ，その戦略目標の実績値は向上したが，財務の視点の実績値が向上しなかったとしよう。この場合，戦略実行のアラインメントと戦略目標間のアラインメントを見直すことができる。

戦略実行のアラインメントでは，戦略目標から，尺度，目標値，戦略的実施項目への落とし込みを見直すことができる。戦略が適切であっても，測定方法や戦略実行が適切でなかったかもしれないからである。ブランド価値を測定する場合，顧客へのアンケートか，第3者機関に調査を依頼するのか，顧客のリピート率など多数考えられ，測定方法によって結果は異なってくるだろう。また，尺度が変わることで，広告宣伝活動など戦略的実施項目も見直すことになる。

戦略目標間のアラインメントでは，戦略目標の因果関係を見直すことができる。戦略目標に関連づけられたブランドに対して，財務の視点や内部プロセスの視点の戦略目標がそれぞれ関連づけられているかを見直すことができる。

BSCで評価することで，戦略実行のアラインメントと戦略目標間のアラインメントを見直していくというプロセスは，結果として，創発戦略を支援することになる可能性がある。創発戦略を支援するには，インターラクティブ・コントロール・システムが有効である。BSCは，インターラクティブ・コントロール・システムとして成り立つという特徴がある (Kaplan and Norton, 2001)。BSCによって，インタンジブルズを継続的に評価することで，組織内における対話を促進し情報共有できる可能性がある。つまり，BSCでインタンジブルズを評価することは，結果的に，経営環境の変化に対応したインタンジブルズを構築することに貢献する可能性がある。

4.3 企業価値創造のためのインタンジブルズ評価

前節では，インタンジブルズ評価の3つのタイプを明らかにした。ここでは，BSCによるインタンジブルズ評価のあり方を検討する。

BSCを提案したキャプランとノートンは，人的資産，情報資産，組織資産を

対象としたインタンジブルズ評価としてレディネス評価を提案している。戦略目標間の因果関係が構築されても，人的資産，情報資産，組織資産というインタンジブルズが高まることで生じる便益が，内部プロセスの視点の戦略目標の実際の数値として表れるには，時間がかかることも多い。レディネス評価は，評価する前に，内部プロセスの視点の戦略目標を向上するための活動やシステムの選択を行って，ポートフォリオを構築する。レディネス評価は，ポートフォリオを評価することで，インタンジブルズの便益を，内部プロセスの視点の戦略目標の実績値で評価するのではなく，ポートフォリオの準備度合いで代替的に評価できる点で有効である。

　他方，インタンジブルズ評価は，戦略目標タイプだけではなく，戦略テーマ・タイプと企業価値タイプの評価もある。戦略テーマ・タイプの評価では，複数の限られた戦略目標にまたがって評価するために，特定の戦略目標を評価するだけでは対応できない。たとえば，ブランドは，顧客が持つイメージが重要である（Fombrun and Van Riel, 2004）。また，ブランド価値を高めるように，内部プロセスを構築するだけでなく，内部プロセスに貢献する人的資産，組織資産，情報資産を管理することも必要となる。したがって，戦略テーマ・タイプの評価は，戦略テーマに関連づけられた戦略目標全体を評価する必要がある。

　企業価値タイプの評価では，BSC全体で評価しなければならないため，戦略目標タイプと戦略テーマ・タイプのインタンジブルズを包括して評価する必要がある。ハニングトン（Hannington, 2004, p.8）によれば，コーポレート・レピュテーションがブランド価値を高めることに貢献すると指摘している。コーポレート・レピュテーションを高めるには，人的資産，組織資産，情報資産という戦略目標タイプだけでなく，ブランドという戦略テーマ・タイプの評価を同時に行うことが必要である。したがって，企業価値を高めるという視点からみれば，インタンジブルズ評価は，コーポレート・レピュテーションのように，戦略目標タイプと戦略テーマ・タイプを包括して評価する企業価値タイプのインタンジブルズ評価が有効である。

まとめ

　インタンジブルズを戦略的に管理することは，競争優位の構築に役立つ。本章では，戦略的業績評価システムであるBSCに焦点を当てて，インタンジブルズの評価を体系的に検討した。
　検討にあたって，インタンジブルズの戦略目標の関連づけに着目して，インタンジブルズを3つのタイプに分類して検討した。すなわち，戦略目標タイプ，戦略テーマ・タイプ，企業価値タイプである。
　戦略目標タイプのインタンジブルズ評価では，インタンジブルズを特定の戦略目標に関連づけて評価する。戦略目標タイプのインタンジブルズ評価では，因果関係で結果にある戦略目標を高めるようにポートフォリオを構築し，そのポートフォリオをレディネス評価することが有効である。戦略テーマ・タイプのインタンジブルズの評価では，インタンジブルズを複数で限られた戦略目標に関連づけて評価する。戦略テーマに関連した戦略目標の実績値を評価する。戦略テーマ・タイプのインタンジブルズを評価するには，パフォーマンス・ドライバーを評価することが有効である。企業価値タイプのインタンジブルズの評価では，BSC全体で評価することが有効である。
　一方，BSCでも，インタンジブルズを正確に測定することが困難であることを明らかにした。また，BSCによる評価が，創発戦略を支援し，経営環境の変化に対応したインタンジブルズの構築に可能性があることを指摘した。この理由として，BSCで評価することで，インタンジブルズの戦略目標への関連づけや因果関係を継続的に見直し学習することができることを指摘した。また，インタンジブルズ評価は，コーポレート・レピュテーションのように，戦略目標タイプと戦略テーマ・タイプを包括して評価する企業価値タイプのインタンジブルズ評価が有効であると指摘した。

第4章　競争優位構築のためのインタンジブルズ評価

注

(1) たとえば，技術革新が行われ，確立したスキルが時代遅れになってしまう場合が考えられる。また，スキルを持った従業員が離職した場合も，シナジーの価値を毀損する。
(2) Kaplan and Norton (2004) によれば，①戦略的コンピテンシーは，戦略を必要とする活動を実行するための，スキル，才能，ノウハウの有用性，②戦略的情報は，戦略の支援に必要とされる情報システム，ナレッジマネジメントのアプリケーションソフトおよびインフラの利用可能性，③組織文化は，戦略の実行に必要とされる従業員が共有すべきミッション，ビジョンおよび価値観の認識と組織への浸透，④リーダーシップは，組織を戦略に向かって活性化する，全階層における有能なリーダーの配置可能性，⑤戦略の落とし込みは，あらゆる組織階層で，個人目標やインセンティブを戦略に方向づけていること，⑥チームワーク，戦略的な能力を持つ知識資産およびスタッフ資産の共有，に関連した戦略目標である。

第5章　IT組織のための戦略的業績評価システム

はじめに

　ITの発展は，産業や経営に多大なる影響を与えてきた。IT時代における管理会計がどうあるべきかが，今日的な課題になっている（櫻井，2006）。

　ITの活用による当初の目的は省力化に主に焦点が当てられてきた（櫻井，2006）。業務の効率性を評価するために，ITコストの算定やIT投資による採算性に関する研究が行われてきた。しかし，1970年代後半以降では，業務の効率化だけでなく，ITの戦略的な活用が強調されるようになった（King, 1979）。戦略的にITを活用することで，競争優位の構築を志向するようになってきた。それ以降も，SIS（Strategic Information System）やERP（Enterprise Resource Planning）への展開やインターネットなどの情報基盤が整備されるにしたがい，ITの活用がビジネス・モデルの中核をなす企業も多数生まれてきている。つまり，ITの戦略的な活用のための組織やマネジメント・システムが求められている。本章では，ITを構築・管理する組織をIT組織と呼称する。

　IT組織として，情報システム部門や情報管理部門などの機能組織がある。IT組織は，企業戦略や事業戦略との連携を構築することが重要である(Henderson and Venkatraman, 1993; Kaplan and Norton, 2006)。IT組織が企業戦略や事業戦略を支援するには，その貢献を評価する必要がある。しかし，他の組織との連携を通して価値創造するために，IT組織による戦略的効果は間接的であり，定量化することが困難である（櫻井，2006）という問題がある。

　本章では，IT組織の戦略的役割を明らかにして，IT組織の戦略的業績評価システムを体系的に検討する。検討にあたって，第1節では，戦略とIT組織の関係について明らかにする。第2節では，IT組織の戦略的役割を明らかにする。

第3節では，IT組織の戦略的役割に従った戦略的業績評価システムについて検討する。第4節では，IT組織における戦略的業績評価システムについて検討する。

1. 戦略とIT組織

　小酒井（2008）は，今日わが国のIT組織の地位が低下しているとし，戦略志向の組織へと変革すべきであると指摘している。インターネットのような情報基盤が整備され，情報化社会への移行が進行している。競争相手よりもITを迅速に導入することで競争優位を構築できる時代ではもはやなくなっている。ITを戦略的に活用して競争優位を構築する必要がある。また，キャプランとノートン（Kaplan and Norton, 2004; 2006）は，企業価値を創造するために，組織間の連携を構築する必要があると指摘している。組織間の連携とは，すなわち，組織間のアラインメントである。情報システム部門や情報管理部門などのIT組織は，一般的に本社や事業組織内の機能組織である。機能組織は，本社や事業組織との依存関係を構築することで，企業価値を創造する。機能組織としてのIT組織は，組織間のアラインメントを構築して，本社や事業組織を支援する必要がある。

　組織間のアラインメントを構築するには，IT組織の役割を考えなければならない。IT組織の役割によって，戦略や組織間のアラインメントの構築の方法も異なるからである。小酒井（2008）は，IT組織を，責任センターの側面で，コスト・センターの組織とプロフィット・センターの組織という2つのタイプに分類している。コスト・センターの組織は，機能組織としてのIT組織である。プロフィット・センターの組織は，事業組織としてのIT組織である。

　機能組織としてのIT組織は，本社や事業組織内にある機能組織のタイプである。たとえば，情報システム部門や情報管理部門などの機能組織がこれにあたる。また，コスト・センターとしてのシェアード・サービス会社もこれにあたる。このようなIT組織は，企業戦略や事業戦略を支援する役割がある。したがって，本社や事業部など本社や事業組織と連携を図り，他の組織の企業戦

略や事業戦略の実行をいかに支援したかで評価される。

　事業組織としてのIT組織は，ITサービスを外販するようなIT組織自体が事業組織となるタイプである。たとえば，IT事業会社やプロフィット・センターのシェアード・サービス組織など，サービスを外販する組織がこれにあたる。このようなIT組織は，企業戦略へ方向づけられるとともに，外部顧客に対してサービスなどを提供し収益を獲得するために，事業戦略を管理する役割がある。したがって，事業戦略がいかに実現されたかで評価される。

　IT事業会社を除いたプロフィット・センターとしてのIT組織は，現実的にごくわずかしかない（櫻井，2006）。このようなIT組織では，事業戦略および企業戦略の支援と事業戦略の実行という，2つの役割を担当しなければならない。業績評価システムに関していえば，戦略支援と戦略実行のための業績評価システムが必要である。つまり，IT組織に必要な戦略的業績評価システムは，責任センターに基づいて決まるのではなく，IT組織の戦略的役割に基づいて業績評価システムを構築する必要がある。次節では，IT組織における戦略的役割とは何かを明らかにする。

2．IT組織の戦略的役割

　ヘンダーソンとベンカトラマン（Henderson and Venkatraman, 1993）は，IT組織と事業組織との連携に着目した。ヘンダーソンらは，戦略整合モデル（Strategic Alignment Model）を構築して，IT組織をいかに管理すべきかを検討している。戦略整合モデルでは，事業組織とIT組織の事業戦略とIT組織の戦略，組織のプロセスおよびインフラストラクチャーという要素に分類して，これらの要素間の整合性をいかに構築すべきかを検討している（図表5.1）。このモデルの特徴は，事業戦略を所与とせず，IT組織が機能戦略を管理することで事業戦略を修正するという前提を置いている点にある。つまり，機能組織の戦略的役割には，事業組織のニーズに従うだけでなく，IT組織が機能戦略を管理することで，事業組織の業務の変革を促し，事業戦略を修正することができるという役割である。

図表5.1 戦略整合モデル

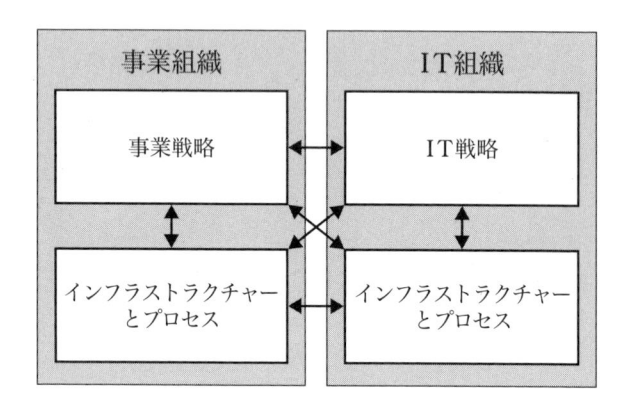

```
┌─────────────────────┐  ┌─────────────────────┐
│     事業組織         │  │      IT組織          │
│  ┌───────────┐      │  │  ┌───────────┐      │
│  │  事業戦略  │◄────┼──┼─►│  IT戦略    │      │
│  └───────────┘      │  │  └───────────┘      │
│        ▲            │  │        ▲            │
│        ▼            │  │        ▼            │
│  ┌───────────┐      │  │  ┌───────────┐      │
│  │インフラスト│◄────┼──┼─►│インフラスト│      │
│  │ラクチャー  │      │  │  │ラクチャー  │      │
│  │とプロセス  │      │  │  │とプロセス  │      │
│  └───────────┘      │  │  └───────────┘      │
└─────────────────────┘  └─────────────────────┘
```

Henderson and Venkatraman（1993, p476）より筆者一部修正。

　IT組織の役割には，戦略に関係しない業務活動を支援するという役割もある。戦略に関係しない業務活動は，コスト低減するために効率化を図らなければならない。効率化の評価に関しては，業務の効率化をコスト低減や工数削減などの効率化を測る尺度で評価することが有効である。

　IT組織の戦略に関連するものに限ると，IT組織には3つの戦略的な役割がある。第1に，IT組織が事業戦略を管理するという役割である（本章では事業戦略タイプと呼称する）。第2に，事業戦略の実行を支援する役割である（本章では戦略支援タイプと呼称する）。第3に，IT組織の機能戦略によって他組織の業務を革新する役割である（本章では業務革新タイプと呼称する）。

　ヘンダーソンらは，IT組織を他の組織と連携させて，IT組織の戦略的な役割を検討している。しかし，IT組織の戦略的役割に着目した具体的な評価は検討していない。次節では，IT組織の戦略的役割に基づいて戦略的業績評価システムを明らかにする。

3. IT組織の戦略的役割と戦略的業績評価システム

本節では，戦略整合モデルにおける戦略実行タイプ，戦略支援タイプ，業務革新タイプのIT組織の戦略的役割に従った戦略的業績評価システムについて明らかにする。戦略実行タイプでは，BSCを取り上げる。戦略支援タイプでは，情報資産ポートフォリオに基づくレディネス評価を取り上げる。業務革新タイプでは，リンケージ・スコアカードを取り上げる。

3.1 戦略実行タイプ

戦略実行タイプのIT組織は，事業戦略を持つ。戦略実行タイプのIT組織は，競争優位を構築するために，事業戦略と同様の戦略的業績評価システムが有効である。

戦略実行タイプのIT組織では，機能組織とは異なり，ITサービスを外販し収益を獲得しなければならない。事業戦略の実行を通して，顧客を満足させるようなサービスを提供し，そのためのマネジメント・プロセスを構築するとともに，人材育成や情報システムの整備を行わなければならない。また，事業戦略を管理するための業績評価が必要である。事業戦略を一貫して管理するためには，BSCが有効である。

戦略実行タイプのIT組織の戦略的業績評価システムとして，両毛システムズの業績管理システムがある。両毛システムズは，システム・インテグレーション，システム開発，ソフトウェア開発，情報処理サービス，アウトソーシング，コンサルテーションなど先進的な事業を営む，IT企業である（櫻井，2006）。両毛システムズでは，中期経営計画に基づいて，5つの視点の業績マップ（戦略マップを業績マップと呼称している）を記述している（図表5.2）。5つの視点とは，財務，顧客の信頼性，戦略資産，業務革新と技術蓄積，人材育成と業務基盤整備である。業績マップをもとに，業績要因（戦略目標）を記述し，業績要因間の因果関係を構築し，業績要因に基づき尺度を設定，目標値を

図表5.2 戦略実行タイプの戦略的業績評価システム

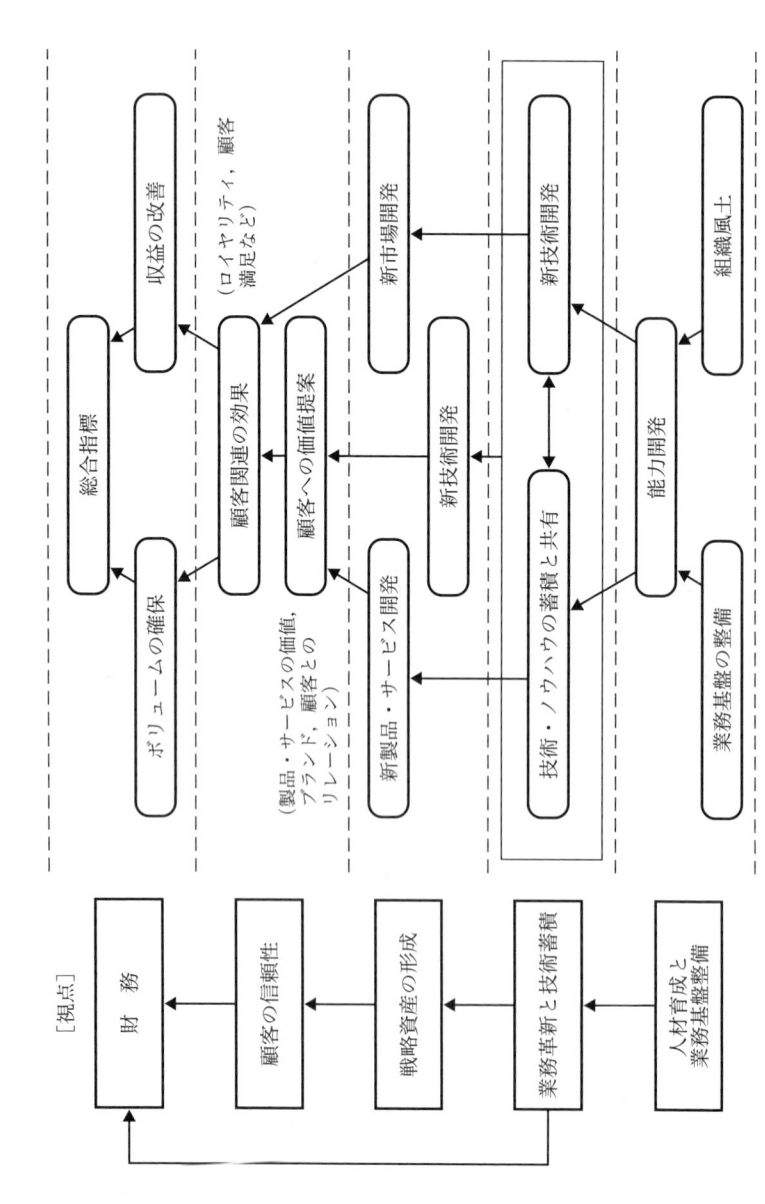

[視点]

財務 ← 顧客の信頼性 ← 戦略資産の形成 ← 業務革新と技術蓄積 ← 人材育成と業務基盤整備

財務：
- 収益の改善（ロイヤリティ、顧客満足など）
- 総合指標
- ボリュームの確保

顧客の信頼性：
- 新市場開発
- 顧客関連の効果
- 顧客への価値提案
- （製品・サービスの価値、ブランド、顧客とのリレーション）

戦略資産の形成：
- 新技術開発
- 新製品・サービス開発

業務革新と技術蓄積：
- 新技術開発
- 技術・ノウハウの蓄積と共有
- 能力開発

人材育成と業務基盤整備：
- 組織風土
- 業務基盤の整備

櫻井（2006, p.217）より一部筆者加筆修正。

94

第5章　IT組織のための戦略的業績評価システム

図表5.3　BSCの視点

キャプランとノートンの視点	両毛システムズの視点
財務	財務
顧客	顧客の信頼性
内部プロセス	戦略資産の形成
	業務革新と技術蓄積
学習と成長	人材育成の業務基盤整備

櫻井（2006, pp.208-221）をもとに筆者作成。

設定し，業績評価している。

　両毛システムズの業績マップの特徴は，キャプランとノートン（Kaplan and Norton, 2004）が指摘した財務，顧客，内部プロセス，学習と成長の視点という4つの視点ではなく，5つの視点をおいていることである。キャプランらと両毛システムズの視点には，それぞれの視点で対応関係がある（図表5.3）。両毛システムズの視点では，内部プロセスに対応する視点が，戦略資産の形成および業務革新と技術蓄積という2つの視点で成り立っている。櫻井（2006）によれば，業務革新と技術蓄積による成果が，両毛システムにとって決定的な重要性を持つからである。そのため業務革新と技術蓄積という視点を設定して管理しているという。両毛システムズのように，4つ以上の視点を設定することは，特殊なことではない。たとえば，リコーでは，環境の視点を取り入れて5つの視点で管理している。しかし，BSCでは，外部環境，マネジメント・プロセスと経営資源の整合性を構築するために，戦略目標間の因果関係を構築することが重要である。すなわち，戦略目標間のアラインメントを構築することが重要である。つまり，視点を増やすにしても，戦略目標間のアラインメントが構築されるよう考慮しなければならない。

3.2 戦略支援タイプ

戦略支援タイプのIT組織は，機能組織である。戦略支援タイプのIT組織はサービスを提供する企業戦略や事業戦略の実行を支援する。戦略支援タイプのIT組織は，第1にサービスを提供する企業戦略や事業戦略の実行を支援するために，サービス利用者のサービス・ニーズを把握しなければならない。第2に，サービスのニーズに対する貢献度を評価しなければならない。

第1のサービス利用者のニーズの把握について，キャプランとノートン (Kaplan and Norton, 2004) は，図表5.4のような情報資産ポートフォリオによる管理を紹介している。情報資産ポートフォリオでは，サービスが提供される組織の戦略目標に対して，どのようなシステムやスキルが必要かを記述する。サービスを提供される側の戦略目標に対応するように必要なシステムやスキルを記述することで，総花的な情報投資を抑えながら，効率的で効果的な戦略支援を実行する。

第2のサービスのニーズに対する貢献度については，戦略支援による貢献度を測定しなければならない。サービスを提供する組織の戦略への貢献度は，経済的な効果で測ることは困難である。サービスを提供したとしても，経済的な効果が現れるのは，サービスを提供された組織がサービスを利用してから現れるため，サービスの効果を測定するには時間がかかる場合も多い。また，経済的な効果が現れたとしても，IT組織のサービスによるものか他の影響によるものかを明確に区別することが困難である。キャプランとノートン (Kaplan and Norton, 2004) は，経済的評価ではなくレディネス評価を提案している。レディネス評価とは，戦略実行のために必要なインタンジブルズが準備されているかを評価することである。図表5.2の情報資産ポートフォリオでは，事業戦略実行に必要なシステムやスキルがどの程度準備できているかというレディネス評価を行っている。戦略支援の効果は，システムの準備度合いを基準として測定する。レディネス評価は，経済的な効果を測定するよりも容易にできる。

他方で，機能戦略を実行するには，ポートフォリオを管理するだけでは十分

第5章　IT組織のための戦略的業績評価システム

図表5.4　情報資産ポートフォリオによるレディネス評価

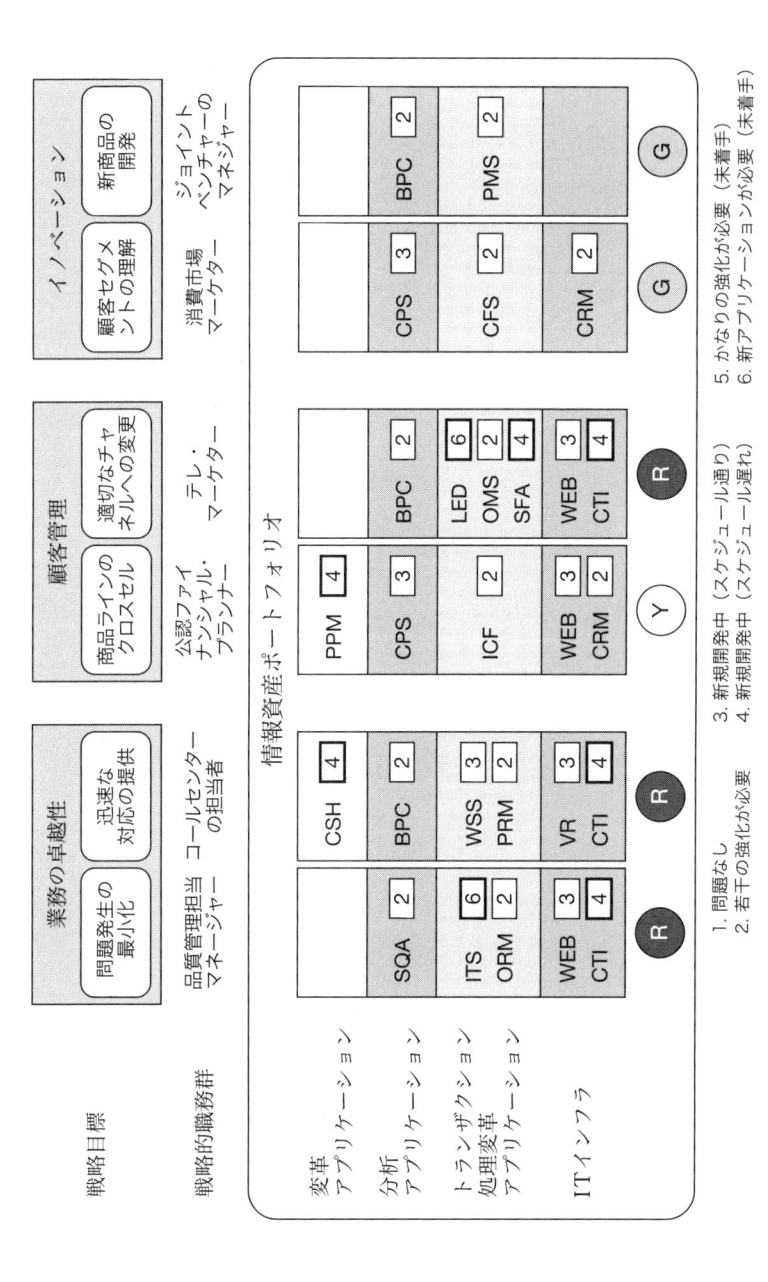

戦略目標	業務の卓越性		顧客管理			イノベーション	
	問題発生の最小化	迅速な対応の提供	商品ラインのクロスセル	公認ファイナンシャル・プランナー	適切なチャネルへの変更	顧客セグメントの理解	新商品の開発
戦略的職務群	品質管理担当マネージャー	コールセンターの担当者			テレ・マーケター	消費市場マーケター	ジョイントベンチャーのマネジャー

情報資産ポートフォリオ

	変革アプリケーション	分析アプリケーション	トランザクション処理変革アプリケーション	ITインフラ	
	SQA [2]	CSH [4]	PPM [4]		CPS [3]	BPC [2]
	ITS [6] ORM [2]	BPC [2]	CPS [3]	BPC [2]	CFS [2]	PMS [2]
	WEB [3] CTI [4]	WSS [3] PRM [2]	ICF [2]	LED [6] OMS [2] SFA [4]	CRM [2]	
		VR [3] CTI [4]	WEB [3] CRM [2]	WEB [3] CTI [4]		
	R	R	Y	R	G	G

1. 問題なし
2. 若干の強化が必要
3. 新規開発中（スケジュール通り）
4. 新規開発中（スケジュール遅れ）
5. かなりの強化が必要（未着手）
6. 新アプリケーションが必要（未着手）

Kaplan and Norton (2004, p.208) より一部筆者加筆修正。

97

ではない。機能戦略のためのBSCを構築する必要もある。ポートフォリオを効率的に実現するための機能戦略を管理する必要があるからである。つまり，機能戦略のためのBSCでは，ポートフォリオに必要なスキルやシステムの構築を，効率的に実現するために，機能組織として内部プロセスと学習と成長の視点で戦略目標を設定し，ビジネス・プロセスと人的資産，組織資産，情報資産といった経営資源を方向づける必要がある。また，機能戦略の業績評価する必要がある。すなわち，戦略から尺度，目標値，戦略的実施項目へ落とし込まなければならない。

3.3 業務革新タイプ

業務革新タイプのIT組織は，機能戦略によって他の組織の業務を革新しなければならない。革新的なサービスを提案することで，事業組織が，効果的な事業戦略の策定や実行を期待できる。他方，IT組織では，サービスを提供することでサービスの提案力向上やノウハウを蓄積できるなどの効果が期待される。

業務革新タイプのIT組織の戦略的業績評価システムとして，図表5.5のようなリンケージ・スコアカードがある（Kaplan and Norton, 2001）。リンケージ・スコアカードは，内部顧客である事業組織のBSCの中で，財務の視点と顧客の視点の戦略目標，尺度，目標値，実績値をIT組織が把握するために作成されるスコアカードである。

リンケージ・スコアカードを用いるには，少なくとも2つの必要条件がある。第1に，サービスの提供を受ける組織が，財務の視点と顧客の視点の戦略目標，尺度を明確にしていることである。第2に，サービスの提供を受ける組織が，リンケージ・スコアカードの情報を提供してくれることである。前者は，BSCでなくても同様の目標や実績値を把握できればリンケージ・スコアカードと同じような効果が期待できる。後者は，組織間の風通しの良さや経営者のリーダーシップが必要であり，組織文化を変革しなければリンケージ・スコアカードの利用は難しい。

業務革新タイプのIT組織は，リンケージ・スコアカードだけでなく，機能

戦略のBSCも作成する必要がある（図表5.5）。業務革新タイプのIT組織では，リンケージ・スコアカードの財務や顧客の視点の戦略目標を実現するために必要なサービスを提案するためのマネジメント・プロセスと経営資源を構築しなければならないからである。機能戦略と事業戦略の違いは，機能組織は外部市場との接点がないので，外部顧客ではなく，内部顧客を扱うことである。機能戦略のBSCでは，内部顧客を扱うために本社や事業組織とSLAを構築し，その履行を顧客の視点で評価することができる。

4. IT組織のための戦略的業績評価システム

IT組織の戦略的役割には3つのタイプがあることがわかった。3つのタイプで，業績評価の方法に違いがある。本節では，まず，IT組織と戦略的業績評価システムとの関係を検討する。また，機能組織のIT組織に焦点を当てて，戦略的業績評価システムの役割を明らかにする。さらに，戦略的効果を測定するためのSLAの役割について検討する。

4.1 IT組織と戦略的業績評価システムの関係

IT組織の戦略的役割によって，それぞれ業績評価システムの測定対象や測定方法が異なる。戦略実行タイプのIT組織では，事業組織が持つ事業戦略と同様の業績評価を行う。つまり，BSCによって，機能組織の事業戦略を測定対象として，戦略目標の達成度合いを測定する。

戦略支援タイプと業務革新タイプのIT組織では，内部顧客である本社や事業組織の企業戦略や事業戦略を対象に評価を行うという特徴がある。戦略支援タイプのIT組織では，事業組織の事業戦略の情報資産の準備度合い，すなわち，レディネスを測定する。レディネス評価には，本社や事業組織の戦略を実行できるように，ポートフォリオを構築されることが必要となる。業務革新タイプのIT組織では，本社や事業組織の業務を革新することで，企業戦略や事業戦略の策定や実行を支援する。つまり，企業戦略や事業戦略における財務の

図表5.5　業務革新タイプの業績評価システム

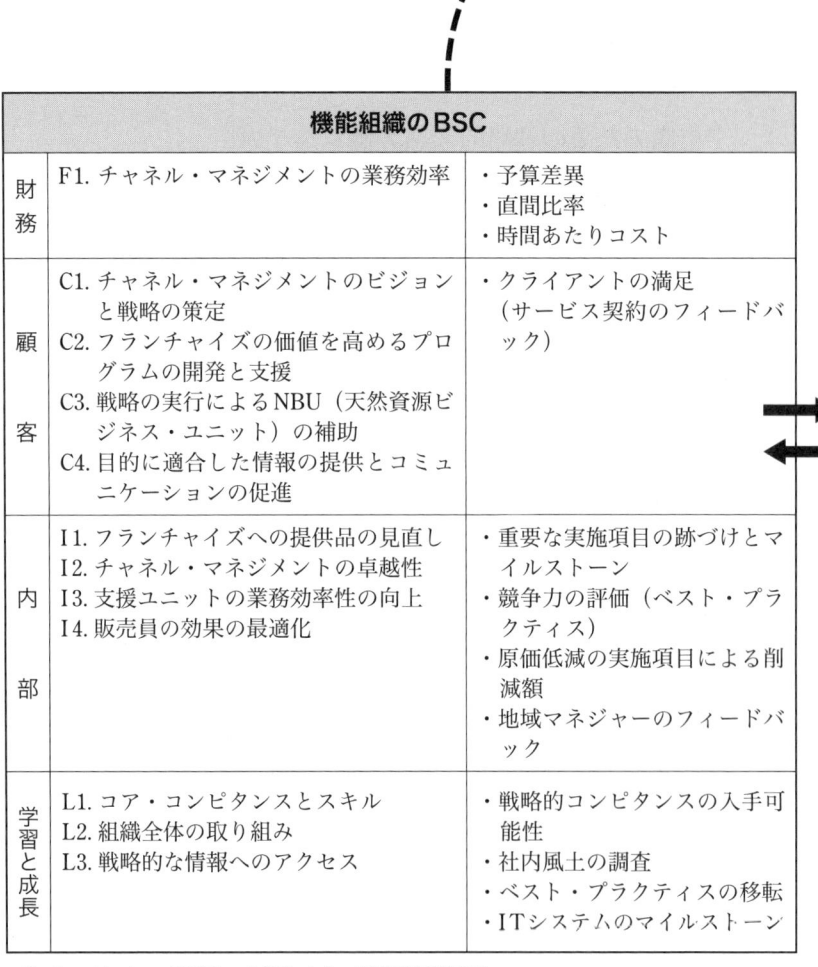

機能組織のBSC			
財務	F1. チャネル・マネジメントの業務効率	・予算差異 ・直間比率 ・時間あたりコスト	
顧客	C1. チャネル・マネジメントのビジョンと戦略の策定 C2. フランチャイズの価値を高めるプログラムの開発と支援 C3. 戦略の実行によるNBU（天然資源ビジネス・ユニット）の補助 C4. 目的に適合した情報の提供とコミュニケーションの促進	・クライアントの満足 （サービス契約のフィードバック）	
内部	I1. フランチャイズへの提供品の見直し I2. チャネル・マネジメントの卓越性 I3. 支援ユニットの業務効率性の向上 I4. 販売員の効果の最適化	・重要な実施項目の跡づけとマイルストーン ・競争力の評価（ベスト・プラクティス） ・原価低減の実施項目による削減額 ・地域マネジャーのフィードバック	
学習と成長	L1. コア・コンピタンスとスキル L2. 組織全体の取り組み L3. 戦略的な情報へのアクセス	・戦略的コンピタンスの入手可能性 ・社内風土の調査 ・ベスト・プラクティスの移転 ・ITシステムのマイルストーン	

Kaplan=Norton（2001, p.195）より一部筆者加筆修正。

第5章 IT組織のための戦略的業績評価システム

	事業組織	
	リンケージスコアカード	
財務	・市場占有率と収益性増大の支援 ・原価低減の支援	・市場占有率 ・地代収入 ・プレミアム・ガソリンの販売量 ・取引クラスの費用 （1ガロン当りのコスト）
顧客	・最善の購買経験の経験に絶えず焦点を当てること	・顧客満足度 ・覆面捜査員による評価 ・ディーラーの満足度

SLA

視点と顧客の視点の戦略目標の達成度合いをリンケージ・スコアカードで評価する。

IT組織は，IT組織の戦略的役割に従った戦略的業績評価システムを選択し構築しなければならない。そのため，IT組織を組織化するときに，そのIT組織に戦略的役割を明らかにしなければならない。

たとえば，戦略支援を目的としたIT組織では，戦略支援タイプの戦略的業績評価システムを構築する必要がある。しかし，他の組織の業務革新を促すためには，業務革新タイプの戦略的業績評価システムを構築することも必要である。

外販も行うようなIT組織では，外部顧客に対応するために，戦略実行タイプの戦略的業績評価システムを構築する必要がある。外販を目的としたIT組織でも，シェアード・サービス会社のように内部顧客にもサービスを提供する役割があれば，戦略支援タイプや業務革新タイプの戦略的業績評価システムを同時に構築する必要もある。

4.2 戦略的業績評価システムの役割

コスト・センターのIT組織では，責任会計上，業務を効率化して，コスト低減するという役割のみが与えられてきた。IT組織にとって最も重要な機能である。しかし，IT組織として業務の効率化することと，サービスの質を向上しようとすることはしばしばトレードオフの関係にある。行き過ぎた業務の効率化は，サービスの質の低下につながる。過度の効率性追求によって，IT組織が，サービスを向上するための戦略を実行しようとしても，その戦略の活動を妨げられる可能性がある。

過度の効率性の追求という問題が起こるのには，IT組織による戦略的効果を測定することが困難であるという背景がある（櫻井，2006）。戦略的効果は，しばしば，定性的であるため定量的に測定することが難しい（櫻井，2006）。また，IT組織が機能組織である場合，このような戦略的効果が表れるのは事業組織である。そのため，IT組織の活動が事業組織の効果として表れるのに時間がかかったり，IT組織の活動ではない他の要因によって事業組織の効果が歪め

第5章　IT組織のための戦略的業績評価システム

られることもある。これはIT組織の活動と戦略的効果との因果関係があいまいであることに原因がある。

機能組織のIT組織において，戦略的効果の定量化が難しい上に，IT組織の活動と戦略的効果との因果関係があいまいであるという問題がある。したがって，戦略的業績評価システムには，戦略的効果を明らかにし，戦略的効果に対して，IT組織の活動がいかに貢献しているかを評価する役割がある。

4.3　SLA

戦略的効果とは，企業戦略や事業戦略の実現に貢献していることである。その貢献を評価するための戦略的業績評価システムとして，SLAに基づく評価がある。

SLAは，サービス提供におけるサービスレベルを明らかにして，委託者と提供者の間で取り決められる（情報処理推進機構，2003；櫻井，2006）。SLAは，本社や事業組織と機能組織間で締結することで，本社や事業組織にとっては，企業戦略や事業戦略の戦略的ニーズを契約項目としてサービス範囲や要求項目として明文化できる。また，機能組織にとっては，SLAで取り決められた要求項目を実現することを目標として，その目標にIT組織の活動を方向づけることができる。

SLAが履行されることは，本社や事業組織にとっては，戦略的ニーズを満たしていると評価することができる。機能組織にとっては，SLAで取り決められた要求項目に合ったサービスが提供されているかを評価することができる。これは，つまり，企業戦略や事業戦略の実現に貢献したと評価できる。

SLAに基づく評価では，SLAの履行の有無で，戦略的効果を客観的に評価できるというメリットがある。また，本社や事業組織で表れる戦略的効果を，SLAの履行を通してIT組織が把握できるというメリットがある。

まとめ

　本章では，IT組織の戦略的役割に焦点をあてて，戦略的業績評価システムについて検討した。IT組織は，戦略的役割に応じて，組織間の連携の構築や業績評価を行わなければならない。IT組織の戦略的役割には3つのタイプがある。すなわち，戦略実行タイプ，戦略支援タイプ，業務革新タイプである。戦略実行タイプでは，事業戦略を管理するために，BSCという戦略的業績評価システムが有効である。戦略支援タイプでは，企業戦略や事業戦略の実現を支援するために，情報資産ポートフォリオによるレディネス評価，機能戦略のBSCという戦略的業績評価システムが有効である。戦略支援タイプでは，本社や事業組織の業務を革新することで，企業戦略や事業戦略の策定や実行を支援するために，リンケージ・スコアカード，SLA，機能戦略のBSCという戦略的業績評価システムが有効である。

　企業戦略や事業戦略の実現に貢献を評価するための戦略的業績評価システムに，SLAに基づく評価があると指摘した。SLAに基づく評価は，本社や事業組織で表れる戦略的効果を，SLAの履行を通してIT組織が把握できるというメリットがあると指摘した。

第6章　製品開発戦略における戦略的業績評価システム

はじめに

　企業価値を創造するためには，事業組織が事業戦略を管理して，競争優位を構築することが重要である。しかし，事業戦略を管理するだけでは十分ではない。本社，外部パートナーとの関係など事業組織を越えた組織と連携しなければならない。本社と機能組織は，それぞれ企業戦略，機能戦略を包括的に管理する役割がある。企業の全組織が連携し，企業戦略，事業戦略，機能戦略を管理することで，企業価値をさらに高めることができる。小林（2001）も，企業が顧客やその他の経済的アクターとの間で適切な連携を図り，それら経済的アクターとの関係を適切に管理することが重要であると指摘している。本章では，製品開発戦略を例として，企業戦略，事業戦略，機能戦略を包括的に評価するための戦略的業績評価システムを対象とする。

　製品開発戦略に関して，管理会計では，主に原価企画で扱われてきた。原価企画とは，製品の企画・設計段階を中心に，技術，生産，販売，購買，経理など企業の関係部署の総意を結集して原価低減と利益管理を図る，戦略的コスト・マネジメントの手法である（櫻井，2004）。

　原価企画では，組織間の連携に関して，2つの観点から研究されてきた（田坂，2007）。すなわち，内部組織と外部組織に焦点を当てた研究である。内部組織に焦点を当てた研究は，技術，生産，販売，購買など企業内の関係部署の連携を対象とした研究である。外部組織に焦点を当てた研究は，主としてサプライヤーとの連携を対象とした研究である。原価企画では，内部組織の連携を図ることも，外部組織の連携を図ることも，それぞれ重要である。しかし，効果的な原価企画活動には，内部組織と外部組織を統合して管理する必要があ

る。関連組織は，相互に依存関係があるからである。たとえば，外部組織との連携の方法によって，ビジネス・プロセスが変更される可能性もあるし，逆に，ビジネス・プロセスによって外部組織の管理方法が変更される可能性もある。

製品開発では，原価企画活動を戦略的に管理し，内部組織と外部組織を含めた組織間の連携を構築しなければならない。これを実現するには，戦略実行のアラインメント，戦略目標のアラインメント，組織間のアラインメントという3つのアラインメントを確保する必要があると考えられる。同時に，原価企画活動を戦略的に管理するには，そのためのマネジメント・システムが必要である。

本章では，原価企画に焦点を当てて，製品開発戦略のための戦略的業績評価システムを明らかにする。また，原価企画活動で，なぜアラインメントを確保すべきかを明らかにする。さらに，アラインメント構築のための戦略的業績評価システムの役立ちを明らかにする。

第1節では，製品開発戦略における原価企画の役割を明らかにする。第2節では，原価企画における関連組織とその戦略を明らかにする。第3節では，関連組織における戦略的業績評価システムを明らかにする。第4節では，原価企画におけるアラインメント構築のための戦略的業績評価システムの役立ちを明らかにする。

1. 製品開発戦略における原価企画の役割

製品開発戦略における原価企画の役割は大きい。原価企画が戦略的な役割を持っているためである。原価企画活動は，製品開発段階を中心とした原価低減活動であるとともに，原価企画における原価低減活動が中長期の利益計画と密接に関連している。原価企画は，中長期経営計画において利益目標を達成する中核的活動としての戦略的な役割を持っている。このような原価企画の戦略的な役割は，原価企画の発展とともに強調されるようになってきた。

原価企画の発展を，田坂（2007）は，原価企画研究の発展アプローチを，管

理工学的アプローチ，原価低減活動アプローチ，戦略的コストマネジメント・アプローチという3段階に分類している。また，それぞれのアプローチに対して，目的，ツール，関連部署，戦略性という4つのメルクマールを明らかにしている。図表6.1は，原価企画研究の発展とともに，原価企画活動の特徴が，目的，ツール，関連組織，戦略性という点で変化してきていることを明らかにしている。

田坂 (2007) によると，原価企画の目的は，原価低減から利益の作り込みへと拡張した。ツールは，コストダウンのためのVE (Value Engineering) だけでなく，目標利益を達成するためのコストテーブルの作成，QFD (Quality Function Deployment; 品質機能展開)，コンカレント・エンジニアリングなどのマネジメント・ツールやシステムへと拡張した。関連組織は，設計が中心であったものから，サプライヤーなどの外部組織を含めて，購買，生産，販売などの全社的な組織に関連したものとなった。戦略は，コスト優位と差別化の同時達成だけでなく，グローバル競争や原価企画活動のグローバルな展開も視野に入れた戦略へと拡大したと指摘している。

原価企画の発展とともに，目標原価達成に向けて様々なマネジメント手法を利用するために，原価企画で行うべき活動の数も増えてきた。関連組織が全社的になったことからもわかるように，その活動は，1組織に閉じた活動ではなく，複数の組織にわたる活動となってきた。要するに，戦略や関連組織間の拡張に対応した原価企画活動を行う必要がでてきた。このような原価企画活動を行うには，原価企画活動を戦略的に管理し，それぞれの関連組織間の連携を構築する必要がある。次節では，原価企画における関連組織とその戦略を明らかにする。

2. 原価企画の関連組織

原価企画活動には，いくつか重要な活動がある。たとえば，利益計画と連動させること，目標原価を部品に細分割付すること，製品開発の上流から下流までコンセプトを一貫させること，プロダクト・マネジャーの役割，サプライ

図表6.1 原価企画の発展アプローチ

	管理工学的アプローチ	原低減活動アプローチ	戦略的コストマネジメント・アプローチ
適用時期	1960年代～80年代前半	1970年代後半～90年代前半	1990年代前半～現在
目的	原価企画は、部品原価の原価低減のためのツール。中長期計画での原価低減課題を想定しているとはいえない。原価企画の対象はかなり限定的。	原価企画は、原価低減、新製品等の原価低減により、結果としてその製品の利益目標を確保する。マーケット・インが志向。中期計画での原価低減課題を想定している。	原価企画は、原価低減だけでなく、利益の作りこみをみて確実にするためのツール。製品企画活動、製造に入ってからの初期流動段階の活動も含む。さらに、製品別の中長期の利益目標を先行させ、これを実現させる効果的な手段として原価低減を位置つける。
ツール	VEを中心としている。コスト・テーブルの作成も重要である。	VEを中心としている。コスト・テーブルの作成も重要である。「管理工学的アプローチに新たに加わったのが、コンカレント・エンジニアリングである。	VE、コスト・テーブルの作成、ベンチマーキング、QFD（品質機能展開）、コンカレント・エンジニアリングなど、目標利益を達成するためには、あらゆる手段を利用する。

第6章　製品開発戦略における戦略的業績評価システム

関連組織	設計担当者中心である。原価企画を支援する関連部門はほとんど出来上がっていない。	組織の中心は、設計担当者から関連諸部門に移り、コンカレント・エンジニアリングの下に有機的に活動するようになってきている。設計担当者主導のツールが、同じツールでも関連組織の原価低減活動として用いられるようになっていった。	組織の中心は、関連組織内部だけでなく、外部との関係も重要視される。コンカレント・エンジニアリングはさらに詳細に検討されるようになる。
戦略性	コスト優位と差別化の同時達成。	コスト優位と差別化の同時達成。ただし、グローバル化の認識度は低い。	コスト優位と差別化の同時達成。さらに、グローバル化によって戦略性が一段と高まった。

田坂（2008, p.10）より引用。

ヤーとの連携，原価企画担当部門による支援，インフラストラクチャーの整備などである。この中でインフラストラクチャーとして，コストテーブルの整備，VEのアイディア集のデータベース化，あるいはコンカレント・エンジニアリングの実践などがより重要である。

コンカレント・エンジニアリングの実践では，活動を有機的に結び付け，活動の重複やムダを無くすために，主として事業組織内の企画，設計，技術，生産，販売，購買といった機能組織間で，クロス・ファンクショナルな活動を行う。清水（1997）は，コンカレント・エンジニアリングの実践による効果として，原価管理の観点から4つの原価低減効果を挙げている。

第1に，生産諸要素と製品との効率性を確保できるような技術の組み合わせが発見可能になることからの原価低減効果である。第2に，開発工程のより初期の段階から原価情報によって技術を評価できることからの原価低減効果である。第3に，顧客のニーズを活かした商品コンセプトを開発工程全体で一貫させることからえられる原価低減効果である。第4は，製品開発工程それ自体が効率的になることからもたらされる原価低減効果である。

コンカレント・エンジニアリングの実践による効果を享受するには，組織を有機的に結び付ける要因として，原価企画部などの原価企画活動の支援を担当する組織もコーディネータとして重要である（櫻井，2004）。たとえば，キヤノン（有賀，1996），日産自動車（川嶋，1996）やゼクセル（佐藤・武田，1996）では，原価企画活動を支援する原価企画担当組織を，事業組織の中に置いている。

原価企画では，外部パートナーであるサプライヤーと連携することも重要である。クーパーとスラグマルダー（Cooper and Slagmulder, 1999）によれば，原価低減目標の設定や部品レベルの目標原価を設定する場合，内部組織だけでなく，サプライヤーからのイノベーションやケイパビリティが重要であると指摘している。また，藤本とクラーク（Fujimoto and Clark, 1991）は，自動車メーカーが，サプライヤーとの関係を構築するために密接なコミュニケーションをとり，相互依存関係を構築することで，相互の利益を共有してきたと指摘している。

他方，原価企画は，1事業組織内の活動だけでなく全社的な取り組みでもあ

る。たとえば，キヤノン（有賀，1996），日産自動車（川嶋，1996）やゼクセル（佐藤・武田，1996）では，原価企画担当組織を事業組織だけでなく，本社の中にも置いている。本社の原価企画担当組織は，本社機能であるため原価企画を国内外の事業組織，関係会社への展開を推進・支援する役割がある。原価企画担当組織を本社に置くことで，個々の製品事業に点在したスキルや活動を全社的に共有できる。原価企画活動を効率化できるというメリットがある。

以上のことから，原価企画の関連組織は，本社と事業組織で大別して考えることができる。本社と事業組織の下位組織には，それぞれ企画，設計，生産，販売，経理などの機能組織を持つ。この機能組織の中には，原価企画に特有な機能組織として原価企画担当組織がある。本社組織，事業組織と機能組織は，それぞれ企業戦略，事業戦略，機能戦略を管理する役割がある。さらに，事業組織は，部品供給を通じたサプライヤーとの連携が構築される。

本社と事業組織の下位組織にある機能組織は，それぞれ企業戦略，事業戦略に従って機能戦略を管理する。ここでは，機能組織として，原価企画に特有な機能組織である原価企画担当組織に焦点を当てて，原価企画の関連組織と戦略の関係を明らかにすると，図表6.2のように示すことができる。

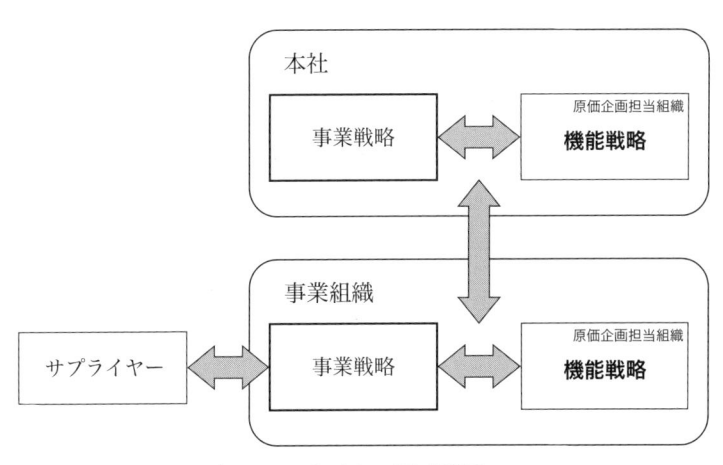

図表6.2　原価企画の関連組織

Kaplan and Norton（2005, p12）より一部加筆修正。

原価企画活動を戦略的に管理するには，そのための戦略的業績評価システムが必要である。しかし，関連組織は，それぞれ戦略的役割が異なる。したがって，次節では，図表6.2で示した関連組織に基づいて戦略的業績評価システムを明らかにする。

3. 製品開発戦略における戦略的業績評価システム

　事業組織は，競争優位を構築するために，事業戦略を管理しなければならない。原価企画において，事業組織は，設計・生産・販売・生産技術などの機能組織を管理する必要がある。同時に，事業組織は，外部組織としてサプライヤーとの連携も管理する必要もある。また，原価企画活動を支援するには，機能組織としての原価企画担当組織の役割も大きい。さらに，本社は企業戦略を管理して，全社的な原価企画活動を支援するように全社的な組織間の連携を構築する必要がある。本節では，事業組織，サプライヤー，原価企画担当組織，本社という関連組織で，戦略的業績評価システムを順に明らかにする。

3.1 事業組織の戦略的業績評価システム

　事業組織が事業戦略を管理するには，BSCが有効である。原価企画活動を戦略的に管理するために，BSCの適用を検討している研究がある。スイシーと伊藤（Souissi and Ito, 2004）と田坂（2008）の研究である。

　スイシーと伊藤（Souissi and Ito, 2004）は，原価企画の4つの特徴とBSCの4つの視点の関係を検討し，BSCに対して原価企画の適用可能性を検討している。原価企画の4つの特徴とは，売価優先（Price-lead），顧客重視（Customer-driven），設計中心（Design-centered），クロス・ファンクショナル（Cross-functional）である。BSCの4つの視点とは，財務，顧客，内部プロセス，学習と成長の視点である。原価企画の4つの特徴とBSCの4つの視点を対応させ，BSCのフレームワークを，図表6.3のように提案している。スイシーらが提案したBSCでは，複数の要素を同時に実現する戦略であるコンフローテション

第6章 製品開発戦略における戦略的業績評価システム

図表6.3 原価企画におけるBSC

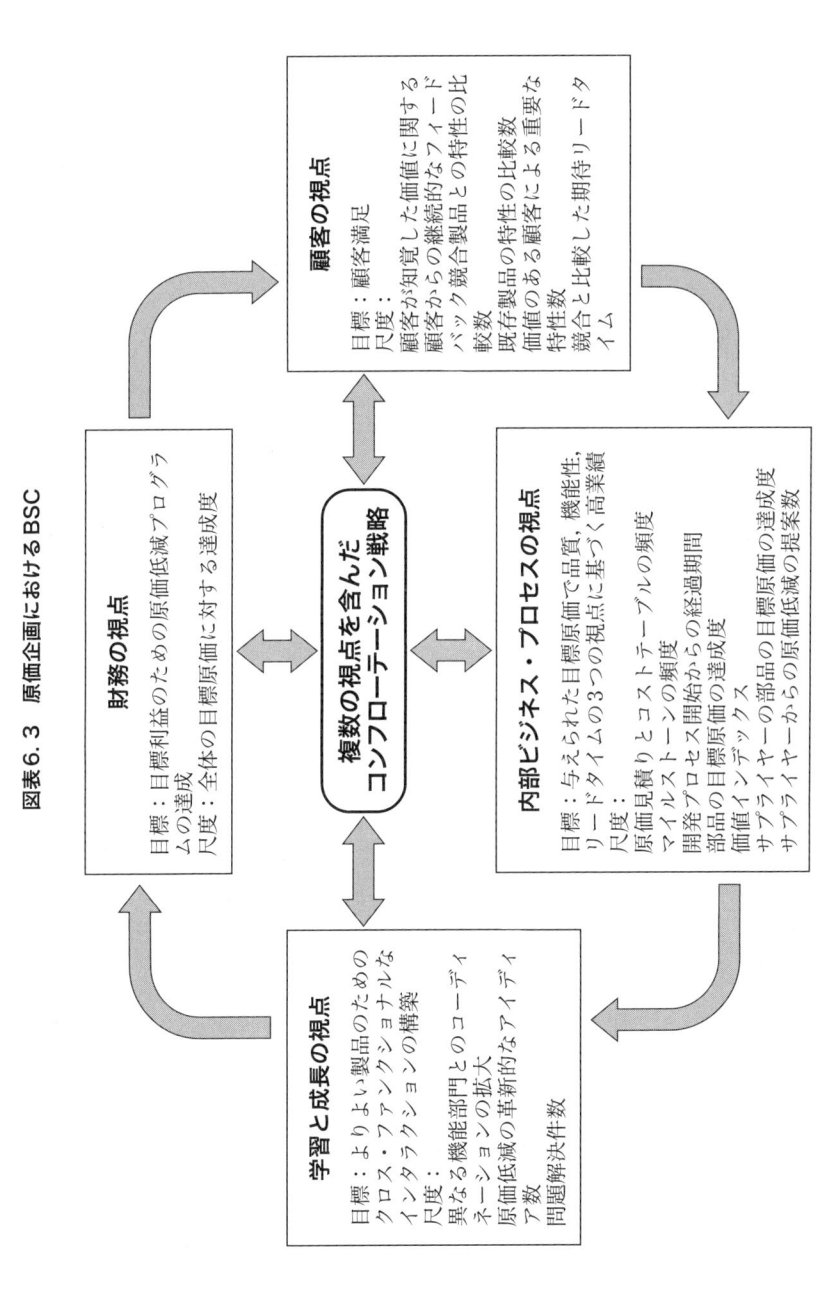

財務の視点
目標：目標利益のための原価低減プログラムの達成
尺度：全体の目標原価に対する達成度

顧客の視点
目標：顧客満足
尺度：
顧客が知覚した価値に関する顧客からの継続的なフィードバック
競合製品との特性の比較
既存製品の特性の比較数
価値のある顧客による重要な特性数
競合と比較した期待リードタイム

内部ビジネス・プロセスの視点
目標：与えられた目標原価で品質、機能性、リードタイムの3つの視点に基づく高業績
尺度：
原価見積りとコストテーブルの頻度
マイルストーンの頻度
開発プロセス開始からの経過期間
部品の目標原価の達成度
価値インデックス
サプライヤーの部品の目標原価の達成度
サプライヤーからの原価低減の提案数

学習と成長の視点
目標：よりよい製品のためのクロス・ファンクショナルなインタラクションの構築
尺度：
異なる機能部門とのコーディネーションの拡大
原価低減の革新的なアイディア数
問題解決件数

中央：複数の視点を含んだコンフローテーション戦略

Souissi and Ito (2004, p.60) より一部修正。

113

戦略という戦略テーマを中心として，4つの視点で，戦略目標とその尺度を設定している。

　田坂（2008）は，スイシーと伊藤（Souissi and Ito, 2004）の研究を発展させて，戦略マップを利用して原価企画の改善提案を行っている。田坂の研究の特徴は，財務の視点における目標原価を達成するまでの戦略目標間の因果関係を，戦略マップによって可視化していることである。

　スイシーと伊藤（Souissi and Ito, 2004）は，BSCで戦略目標から尺度まで落とし込んでいるため，原価企画活動の事業戦略への貢献度を測定することができる。しかし，戦略マップを利用していないために，戦略目標間の因果関係が明確ではない。戦略マップの利用は，戦略目標間の整合性を検討できたり，戦略目標から尺度の設定を検討できるというメリットが考えられる。したがって，田坂（2008）のように，戦略マップを利用することが望ましい。

　スイシーと伊藤（Souissi and Ito, 2004）と田坂（2008）の研究のように，BSCで原価企画活動を管理することは，原価企画活動の事業戦略に対する貢献度を評価する上で有効である。しかし，原価企画活動をBSCへ適用するには，原価企画活動の戦略テーマを明らかにしなければならない。

　キャプランとノートン（Kaplan and Norton, 2004）は，戦略にとって決定的に重要なプロセスを戦略テーマと呼称し，4つの戦略テーマを明らかにしている。すなわち，業務管理，顧客管理，イノベーション，規制と社会という戦略テーマである。業務管理の戦略テーマは，業務プロセスの改善によって効率性を高め，原価低減を行うためのプロセスである。顧客管理の戦略テーマは，顧客セグメントへの理解を深め，ターゲット顧客を絞り，効果的な価値提案を行うためのプロセスである。イノベーションの戦略テーマは，新製品やサービスを開発することで持続的成長を確保するためのプロセスである。規制と社会の戦略テーマは，規制および社会の期待に適合し，地域社会との結び付きを強めるためのプロセスである。

　原価企画活動は，新製品開発プロセスで行われるという点を考えれば，イノベーションの戦略テーマとして扱うことが適当である。しかし，田坂（2007）は，CSRを配慮しながら原価企画に取り組む方法として，ユーザ側で発生するコストだけでなく社会的コストを取り込んで目標原価を設定すべきであると指

摘している。つまり，規制と社会のプロセスとも関連している。したがって，原価企画活動にBSCを適用するためにはイノベーションと規制と社会のプロセスにまたがる戦略テーマを考えなければならない。

3．2 サプライヤーの戦略的業績評価システム

原価企画活動において外部組織であるサプライヤーとの関係は，しばしば，原価企画の特徴として取り上げられる。坂口と河合（2005）は，日本企業を対象とした調査で，サプライヤーに対する情報収集を支援する活動が，バイヤーのパフォーマンス向上に貢献する可能性があることを明らかにしている。

サプライヤーとの連携を管理するには，そのための戦略的業績評価システムが必要である。サプライヤーとの連携を評価するには，たとえば，スイシーと伊藤（Souissi and Ito, 2004）が提案したBSCのように，内部プロセスの視点で，サプライヤーからの改善提案件数などの尺度を設定したり，BSCの戦略目標ないし尺度に組み入れて管理することが考えられる。また，サプライヤー・スコアカードをサプライヤーの評価に利用して，BSCの尺度に取り入れることも有効であると考えられる。

サプライヤー・スコアカードは図表6.4で示したように，サプライヤーを評価するために構築される（Kaplan and Norton, 2005）。図表6.4のサプライヤー・スコアカードでは，サプライヤー企業に対するメーカー側の要求を4つの次元で明らかにし評価している。4つの次元とは，品質，納期順守，協力体制，原価改善である。また，それぞれの次元に対して25％の割合でウェイトづけして得点化している。サプライヤー・スコアカードを構築することで，メーカー側は，必要な要素を明確にサプライヤーに伝達することができる。サプライヤーにとっても，メーカーの要求に応えるための方策が検討しやすくなるというメリットがある。

キャプランとノートン（Kaplan and Norton, 2005）は，サプライヤー・スコアカードに関して，重要業績指標の記載表にすぎないという評価を下している。図表6.4で示したサプライヤー・スコアカードが，事業戦略を反映したものではないからである。その一方で，サプライヤーにより安価な部品を無欠陥

図表6.4 サプライヤー・スコアカード

---
① 品質（25%）
 ・PPM（0.8の割合）
 ・不良品発生件数（0.2の割合）
② 納期順守率（25%）
③ 協力体制（25%）
 ・ダナ社のサプライヤー絞り込み方針およびQS9000，ISO14000の実施に対して，各サプライヤーがどの程度積極的に取り組んだか（判断基準はダナ社の年度ごとの優先順位に従って再設定される）
④ 原価改善（25%）
 ・サプライヤーがダナ社の生産性目標（原価改善目標）の達成のためにどの程度積極的に取り組んだか

Kaplan and Norton（2005, p.223）より引用

で，より迅速に納入するように働きかけるために非財務尺度の利用は有効である。また，すべてのサプライヤーに対してサプライヤー・スコアカードを用いることは，その管理に手間がかかるためあまり有効ではないとも指摘している。要するに，サプライヤーの評価は，まず，サプライヤーの事業戦略への貢献の大きさで識別し，戦略的に管理するサプライヤーを選択することが重要である。貢献度の大きなサプライヤーの評価では，事業戦略への貢献度を事業組織のBSCの尺度を利用して評価して，事業戦略との連携を検討すべきである。

3.3 原価企画担当組織の戦略的業績評価システム

　内部組織の原価企画活動は，設計・生産・販売・生産技術などの機能をいかに連携させるかが重要である。内部組織の連携は，コンカレント・エンジニアリングで実践されてきた。内部組織の連携に関して，プロダクト・マネジャーとプロダクト・チームおよび原価企画担当組織の役割が大きい。

第6章　製品開発戦略における戦略的業績評価システム

　プロダクト・マネジャーに関して，日産（川嶋，1996）では，かつて原価企画活動を担当する商品利益管理室に，プロダクト・マネジャーである商品主管を配置していた。商品主管に開発設計の構想段階から新車開発に関する大幅な責任と権限を持たせ，開発設計に関連する部門が，サイマルテニアス・エンジニアリング（コンカレント・エンジニアリングとほぼ同義）を遂行していた。商品主管によって，開発，生産，営業などの関連部署を調整され，商品コンセプトが一貫したり，開発期間が短縮するなどのメリットを享受することができる。

　原価企画担当組織に関して，ゼクセル（佐藤と武田，1996）では，各事業部の中に企画管理部を置いている。企画管理部には，図表6.5に示したような役割がある。企画管理部は，事業組織内の原価企画活動を支援するために，原価企画活動のための予算策定やスケジュール管理などの現場レベルにおける原価企画活動の計画・実行・評価を機能している。また，調整役として事業部内のクロス・ファンクショナルな活動を行っている。

図表6.5　ゼクセルにおける企画管理部の役割

当該事業部の製品開発における原価企画活動の推進部であり，主要業務は次の通り	
事業部の予算，決算業務	予算策定と進捗管理
開発品の収益計画，目標原価の設定	事業部の中期計画に基づく収益計画（売価−利益＝原価）方式による目標原価の設定
コスト作り込み活動の計画・推進	目標原価達成活動（VE等）の支援
コスト査定，評価	購入品の価格査定（ない製品は生産技術が査定）
目標原価の達成管理	達成度の進捗管理，コスト変動管理

佐藤と武田（1996, p.74）より引用

原価企画担当組織は，事業戦略を支援するために機能戦略を管理しなければならない機能組織である。しかし，原価企画担当組織の機能戦略を評価するための戦略的業績評価システムに関して，その事例を発見できなかった。ここでは，キャプランとノートン（Kaplan and Norton, 2004）とカーターとベーカー（Carter and Baker, 1992）をもとに，原価企画担当組織がコンカレントな製品開発を支援するための戦略的業績評価システムを提案する。
　機能組織は，事業戦略を支援するためにポートフォリオを構築することが有効である。キャプランとノートン（Kaplan and Norton, 2004）は，サービスが提供される組織の戦略目標に対して，どのようなシステムやスキルなどの要件が必要かを詳細に記述するために，ポートフォリオを構築することが有効であると指摘している。サービスを提供される側の戦略目標に対応するように必要な要件を詳細に記述することで，総花的な情報投資を抑えながら，効率的で効果的な戦略支援を実行できるからである。また，ポートフォリオに基づいて，要件がどのような状態にあるのかを，システム導入の進捗度合いなど準備度合いで評価する。すなわち，レディネス評価する。レディネス評価をすることで，事業戦略への貢献度を評価することができる。
　コンカレントな製品開発を支援するためのポートフォリオを構築するには，まず，サービス提供される側が，事業戦略にコンカレントな製品開発を行うという戦略目標を持っていることが前提となる。コンカレントな製品開発を行うという戦略目標に対する戦略的実施項目として，たとえば，製品に関するデータ共有をする必要があると考えたとする。製品に関するデータ共有に関して，カーターとベーカー（Carter and Baker, 1992）は，コンカレント・エンジニアリングを実践するための製品データの共有に関して確認すべき点として以下の8項目を提案している。
　①製品開発データは個人で管理されているか。②単一部門のチーム・メンバーは，その部門に関係するすべての製品開発データにアクセスできるか。③メンバーは，製品開発に関わる複数部門に関連したデータに，電子的なアクセスが可能か。④各メンバーとチームは，顧客や協力会社からのデータを含む全社規模の製品開発データに，電子的なアクセスが可能か。⑤製品開発中に，製品開発の仕様や設計はすでに確立された方法で使用され，ドキュメント化され

ているか。⑥製品開発データは，類似もしくは共通のコンピュータ・データベースにストアされ，管理，変更および変換が行われているか。⑦製品開発データベース内のデータは，さまざまなデザイン・オートメーションのツール間で共有可能か。⑧製品の要求，使用および開発データは，開発の進行に従って，自動的に変更およびバージョン・コントロールされているか。

　カーターらの製品データの共有で8つの確認すべき点と対応させて，戦略的業績評価システムを提案すると，図表6.6に示したような戦略的業績評価システムが構築できると考えられる。この戦略的業績評価システムでは，まず，原価企画担当組織が支援する事業戦略の戦略目標を明らかにする。次に，戦略目標を高めるために，製品データを共有するという戦略的実施項目を設定する。さらに，製品データを共有するためのシステムを識別し，レディネス評価をする。レディネス評価のための評価尺度として，システムの導入状況によって6段階の評価尺度を提案した。図表6.6のレディネス評価では，評価が1に近づくほど，事業戦略の戦略目標に貢献するシステムが準備されていることになる。つまり，原価企画担当組織が，事業戦略の実現に対して貢献していることになる。

図表6.6　レディネス評価

事業戦略の戦略目標：コンカレントな製品開発
戦略的実施項目：製品データの共有

システム	レディネス評価
①②③製品データ開示システム	1
④協力会社の製品データ収集システム	2
⑤開発プロセス追跡システム	3
⑥⑦情報共有化データベース	4
⑧システム・アップデート・システム	4

評価尺度
1ー問題なし　2ー若干の強化が必要　3ー新規開発中（スケジュール通り）
4ー新規開発中（スケジュール遅れ）　5ーかなりの強化が必要　6ー未対応

機能戦略を実行するには，ポートフォリオを管理するだけでは十分ではない。機能戦略のためのBSCを構築する必要がある。ポートフォリオを効率的に実現するために機能戦略を管理する必要があるからである。機能戦略のためのBSCでは，ポートフォリオに必要なスキルやシステムの構築を，効率的に実現するために，内部プロセスと学習と成長の視点で戦略目標を設定し，ビジネス・プロセスと人的資産，組織資産，情報資産といった経営資源を方向づける必要がある。また，機能戦略を業績評価し，戦略的実施項目を明らかにするには，戦略から尺度，目標値，戦略的実施項目へ落とし込まれなければならない。

　ところで，原価企画担当組織には，本社の原価企画担当組織におかれた機能組織もある。本社の原価企画担当組織は，全社的な原価企画活動を支援する組織である。たとえば，ゼクセル（佐藤と武田，1996）では，本社に「原価企画部」を独立した部として位置づけて，原価企画のサポート機能を担当させていた。原価企画部の機能として，図表6.7のような機能を持たせている。原価企画部では，複数の製品事業で共通する原価企画の制度，ルール，ツール，VE教育などを一元管理している。原価企画活動を推進する本社の機能組織には，全社的な業務を支援する役割があり，原価企画活動を各事業組織が効果的かつ効率的に行うための基盤づくりという役割がある。

　本社の原価企画担当組織は，事業組織にある原価企画担当組織と同様に機能組織であるため，機能戦略を管理する必要がある。したがって，事業組織にある原価企画担当組織と同じように，企業戦略や事業戦略の戦略的ニーズを反映したポートフォリオを構築し，レディネス評価し，機能戦略のBSCを構築する必要がある。

3.4　本社の戦略的業績評価システム

　製品開発における原価企画活動は，1事業組織だけでなく，組織間の連携を構築することで，シナジーを創出することができる。効果的なシナジー創出には，企業戦略を管理する必要がある。企業戦略とは，企業価値を創造するために，組織間の連携を図る戦略である。

図表6.7　ゼクセルの原価企画部の役割

原価企画に関する全社的な業務推進部であり，主要業務は次の通り	
原価企画活動に関する全社的な仕組みやルールの策定，改変	製品開発管理システム（当社名称「製品初期管理システム」）を対象
原価の造りこみツールの作成，提供	コストテーブル，経済的製品設計マニュアル，部品標準化実施ガイド，他
上記の仕組みやツールに関する社内教育	製品初期管理，VE各種コース（協力企業を含む），原価の作り込み各種ツールの活用教育，他
事業部原価企画活動の支援	事業部VEプロジェクトへの参画，アドバイス，コスト見積支援

佐藤と武田（1996, p.74）より引用

　キャプラン・ノートン（Kaplan and Norton, 2006）によれば，アラインメント・チェックポイントとして，組織間の連携を図るべきチェックポイントを明らかにしている。キャプランらに従えば，原価企画では，本社は3つの組織間の連携を構築する必要がある。第1に，本社と事業組織の連携である。第2に，事業組織とサプライヤーの連携である。第3に，事業組織内の機能組織間の連携である。

　キャプランとノートン（Kaplan and Norton, 2006）は，第1の組織間の連携に関して，全社的な優先事項を事業戦略や事業組織内の機能組織の機能戦略に落とし込む必要がある。第2の組織間の連携に関して，事業組織は，サプライヤー，アウトソーサーなどの外部パートナーと共有する優先事項を事業戦略に反映させる必要がある。第3の連携に関して，事業戦略と事業組織内の機能組織の機能戦略をリンクさせる必要があると指摘している。

　組織間の連携を管理するには，3つの組織間の連携が構築されているかを評価しなければならない。キャプランとノートン（Kaplan and Norton, 2006）は，組織間の連携を評価するために，アラインメント評価を提案している。アラ

インメント評価では，シナジーを創出するためのシステムがどの程度整備されているかを評価する。たとえば，キャプランとノートン（Kaplan and Norton, 2006）に従えば，アラインメント評価の尺度として，BSCの尺度が組織間で共有されている組織の割合やSLAを締結している組織の割合などである。

製品開発戦略におけるアラインメント評価を考えると，第1の本社と事業組織のアラインメント評価では，たとえば，事業組織でBSCを導入している割合の評価尺度が考えられる。BSCによって，事業戦略を可視化することで，企業戦略が，事業戦略に反映しているかを検討できる。逆に，事業戦略の実行を監視することで，企業戦略の妥当性も検討できるからである。

第2の事業組織とサプライヤーのアラインメント評価では，たとえば，主要サプライヤーがサプライヤー・スコアカードを導入している割合という評価尺度が考えられる。サプライヤー・スコアカードを通して，事業戦略への貢献が測定できる。逆に，事業組織にとっては，サプライヤー・スコアカードで，事業戦略の戦略的ニーズを反映できるからである。

第3の事業組織内の機能組織間のアラインメント評価では，たとえば，事業戦略を反映したポートフォリオを構築している組織の割合という尺度が考えられる。ポートフォリオを通して，事業戦略への貢献をレディネス評価できる。逆に，事業組織は，事業戦略の戦略的ニーズをポートフォリオに反映できるからである。

4. 製品開発戦略における戦略的業績評価システムの役立ち

製品開発戦略の中心的な役割を果たす原価企画活動には，アラインメントを確保することが必要である。本節では，原価企画活動におけるアラインメントを構築する意義を明らかにする。また，原価企画におけるアラインメント構築のための戦略的業績評価システムの役立ちを明らかにする。

4.1 原価企画におけるアラインメント構築の意義

廣本（2004）は，原価企画における技術が市場の要請に対応してきたと指摘している。たとえば，原価企画では，市場を反映した目標原価の設定が行われる。この目標原価に焦点を当てて，それを達成するためにVE活動やコンカレント・エンジニアリングの実践などの活動を行う。つまり，目標原価（市場の要求）の達成のために，原価企画に関連する活動が方向づけられている。したがって原価企画は，市場に焦点を当てた市場志向のコスト・マネジメント手法と考えることができる。原価企画が市場志向であるならば，原価企画活動は，市場に対して効率的でなければならない。市場に対して効率化を図るには，市場という外部環境に対して，マネジメント・プロセスと経営資源を方向づける必要がある。また，戦略に従って，活動の選択と集中をする必要がある。総花的な原価企画活動は，経営資源の浪費につながるからである。したがって，外部環境，マネジメント・プロセス，経営資源が戦略へ方向づけられるという，戦略目標間のアラインメントを確保する必要がある。

製品開発を戦略的に管理するには，戦略に対する原価企画活動の貢献を把握する必要がある。戦略に対する貢献を把握するには，戦略に従って尺度と目標値を設定し業績評価する必要がある。また，目標値と実績値を比較して，そのギャップを埋めるための戦略的実施項目を設定して，戦略を実現する活動を行う必要がある。つまり，戦略から尺度，目標値，戦略的実施項目に落とし込まれているという戦略実行のアラインメントを確保する必要がある。

原価企画活動は，設計を中心とした活動から，内部組織の活動へ，また外部組織との連携へと，関連組織が拡張してきたように，組織間の連携，すなわち，組織間のアラインメントを確保する必要性が高まっている。これは原価企画でコンカレント・エンジニアリングが実践されてきたことからもわかる。原価企画では，組織を連携させることで，組織間の重複作業を排除して，各機能の活動を同時進行して行うラグビー方式による製品開発が重要である。また，製品開発では，内部組織だけでなくサプライヤーとの連携も含めた組織間のアラインメントを確保する必要がある。

4.2 アラインメント構築における戦略的業績評価システム

前節では，製品開発における原価企画の関連組織に着目して戦略的業績評価システムを明らかにした。ここでは，原価企画活動に焦点を当てて，アラインメントを構築するために，戦略的業績評価システムにどのような役立ちがあるのかを検討する。検討に当たっては，企業戦略，事業戦略，機能戦略という戦略のタイプで検討する。戦略のタイプによって，アラインメントの構築方法が異なるからである。

本社が管理する企業戦略は，シナジーを創出するための，組織間の連携，すなわち，組織間のアラインメントを評価しなければならない。組織間のアラインメントを評価するための戦略的業績評価システムとして，アラインメント評価がある。アラインメント評価では，シナジーを創出するための要件を評価することで，組織間のアラインメントが確保されているか評価できる。また，内部組織だけでなく，サプライヤーという外部組織の連携も含めて評価できるという特徴がある。アラインメント評価は，経済的成果ではなく，シナジーを生み出すための要件，すなわち，組織基盤を評価している。シナジーを生み出すための組織基盤を構築することは，組織間のアラインメントが重要とされる原価企画活動にとっても有効である。

事業組織が管理する事業戦略は，競争優位を構築するために，戦略目標間のアラインメントと戦略実行のアラインメントを構築しなければならない。外部環境に対してマネジメント・プロセスと経営資源を方向づけ，活動の選択と集中を行うことができるからである。また，戦略から尺度，目標値，戦略的実施項目を落とし込むことで，戦略実行を管理できるからである。BSCは，戦略目標間のアラインメントと戦略実行のアラインメントの構築に貢献する。したがって，原価企画活動を戦略的に管理するには，BSCを適用することが有効である。しかし，BSCは，事業戦略を管理するためにあるのであって，原価企画活動を対象として管理するためにあるのではない。原価企画活動をBSCで戦略的に管理するには，まず，事業戦略を明らかにして，その事業戦略に従って原価企画活動を管理すべきである。

第6章　製品開発戦略における戦略的業績評価システム

　機能組織が管理する機能戦略は，本社や事業組織の企業戦略や事業戦略へ貢献することに価値がある。したがって，機能戦略では，本社や事業組織との組織間のアラインメントが構築されることが前提となる。

　機能組織は，企業戦略や事業戦略に貢献するために，マネジメント・プロセスと経営資源を企業戦略や事業戦略に貢献するよう方向づけなければならない。つまり，戦略目標間のアラインメントを構築する必要がある。また，戦略実行のために，機能戦略から尺度，目標値，戦略的実施項目を落とし込まなければならない。戦略実行を管理するために，戦略実行のアラインメントを構築する必要がある。戦略目標間のアラインメントと戦略実行のアラインメントは，機能戦略のためのBSCで構築できる。

　機能戦略で，戦略目標間のアラインメントと戦略実行のアラインメントを構築するには，企業戦略や事業戦略への貢献とは，何かを明らかにすることが前提となる。企業戦略や事業戦略への貢献を明らかにするには，企業戦略と事業戦略に必要なシステムやスキルなどの要件をポートフォリオで明らかにすることが有効である。このポートフォリオをレディネス評価することで，企業戦略や事業戦略への貢献度を評価できる。原価企画に関して，機能組織である原価企画担当組織でも，原価企画活動に必要な要件を明らかにして，レディネス評価することで企業戦略や事業戦略への貢献度を明らかにできる。

　原価企画活動では，コンカレント・エンジニアリングを実践のように組織間の連携を構築しなければならない。原価企画担当組織は，コンカレント・エンジニアリングのような組織間の連携を管理する必要がある。コンカレント・エンジニアリングでは，設計，生産，購買といった機能組織間の連携を構築しなければならない。このような組織間の連携の評価に対しては，アラインメント評価のアイディアを利用して組織間の連携を評価ことができる。たとえば，原価企画活動で，組織間の連携を構築すべき組織を明らかにし，設計部門と生産部門で連携を構築する必要があったとする。この組織間の連携の評価は，設計部門と生産部門を連携するためのシステム（たとえば，情報共有システムなど）が整備されているかを評価することで，組織間の連携度合いを評価することができる。

まとめ

　企業価値を創造するためには，企業の全組織が連携し，企業戦略，事業戦略，機能戦略を包括的に管理することが重要である。本章では，製品開発戦略における原価企画に焦点を当てて，アラインメント構築のための戦略的業績評価システムの役立ちを検討した。

　戦略的業績評価システムの検討では，製品開発における原価企画の関連組織を明らかにし，それぞれの戦略的業績評価システムを明らかにした。事業組織の戦略的業績評価システムでは，BSCを明らかにした。また，サプライヤーのための戦略的業績評価システムでは，サプライヤー・スコアカードを明らかにした。原価企画担当組織における戦略的業績評価システムでは，レディネス評価を明らかにし，機能戦略のためのBSCも必要であることを指摘した。本社の戦略的業績評価システムでは，アラインメント評価を明らかにした。

　アラインメントを確保することは，原価企画活動を行うためには必要である。その理由として，コンカレント・エンジニアリングの実践のために組織間のアラインメントを確保すること，市場志向のコスト・マネジメント手法であり戦略目標間のアラインメントを確保すること，戦略実行を行うために戦略実行のアラインメントを確保することが必要であるからである。

　戦略的業績評価システムには，原価企画活動に必要なアラインメントを構築に貢献する役割があることを明らかにした。つまり，アラインメント評価は組織間のアラインメントの構築に役立つ。BSCは戦略目標間のアラインメントと戦略実行のアラインメントの構築に役立つことである。

　他方，アラインメント評価のアイディアは，企業戦略の評価に限らず，組織間の連携の評価に役立つことを明らかにした。機能組織におけるレディネス評価は，機能戦略で戦略目標間のアラインメントと戦略実行のアラインメントが構築されていることを前提として評価しなければならないことを明らかにした。

結章

　本書では，経営環境の変化に対応するための戦略的業績評価システムをいかに構築すべきかを明らかにした。戦略的業績評価システムは，3つの要件を満たした業績評価システムである。すなわち，①市場志向であること，②戦略コントロールを支援すること，③インターラクティブ・コントロール・システムとして成立することである。

　本書では，企業戦略，事業戦略，機能戦略という戦略を効果的に実現するには，アラインメントを確保する必要があるとし，3つのアラインメントを明らかにした。3つのアラインメントとは，戦略実行のアラインメント，戦略目標間のアラインメント，組織間のアラインメントである。また，本書を通して，アラインメントの構築に，戦略的業績評価システムがいかに貢献するかを明らかにした。

　結章では，これまでの各章で何を検討したのかを簡単に紹介する。これをもって，本書をまとめたい。

　第1章では，伝統的な業績評価システムとの対比により，戦略・組織・システムに基づいて戦略的業績評価システムの特徴を明らかにした。これまで，戦略的業績評価システムは，企業戦略，事業戦略，機能戦略の関係から体系的に検討されてこなかったからである。

　検討にあたっては，分析のフレームワークとして，戦略・組織・システム（ハードの3S）を明らかにした。また，戦略タイプに基づいて，SLAに基づく業績評価システム，BSC，レディネス評価，アラインメント評価を明らかにした。さらに，測定対象，尺度，目標値の設定という業績評価のコントロール・ステップで，戦略的業績評価システムの特徴を明らかにした。

　結果として，戦略的企業戦略，事業戦略，機能戦略という3つの戦略では測

定対象，実績評価で，伝統的な業績評価システムと戦略的業績評価システムには，多くの違いが存在することを明らかにした。

第2章では，経営環境の変化と，そこで期待される戦略を明らかにして，経営環境に対応するための戦略的業績評価システムの要件を明らかにした。さらに，経営環境に対応するための戦略的業績評価システムを構築するために，本書の検討課題を明らかにした。

経営環境の変化では，経済のグローバル化，顧客ニーズの多様化，情報化社会へ移行してきたことを明らかにした。期待される戦略には，選択と集中，破壊的イノベーションの創造，インタンジブルズの管理する役割が求められていることを明らかにした。経営環境の変化と期待される戦略に基づいて，戦略的業績評価システムの3つの要件を明らかにした。3つの要件とは，①市場志向であること，②戦略コントロールを支援すること，③インターラクティブ・コントロール・システムとして成立することである。さらに，企業戦略，事業戦略，機能戦略における戦略的業績評価システムの検討課題を明らかした。

第3章では，組織間の連携によるシナジー評価について，事前評価，プロセス評価と事後評価という3つの評価を体系的に検討した。3つの評価タイプは，これまで関連性を持たずに提案されてきたからである。

検討にあたっては，企業戦略の役割を明らかにし，シナジー創出のための組織間の連携で検討すべきチェックポイントを明らかにした。また，シナジー評価のための事前評価として，アンゾフ（Ansoff, 1965）の事前評価，キャプランとノートンのプロセス評価，近藤（2004）の事後評価を明らかにした。

結果として，将来予想されるシナジー効果を正確に評価することが困難であり，シナジーという成果が不明確であるため，シナジー創出を評価するためには，プロセス評価であるアラインメント評価が有効である。また，予測されないシナジーには，インターラクティブ・コントロール・システムを構築して対応することが有効であると指摘した。

第4章では，BSCによるインタンジブルズの評価を体系的に整理し，インタンジブルズを評価するための戦略的業績評価システムのあり方について検討した。BSCによるインタンジブルズの業績評価システムは緒に就いたばかりで，多様な提案に対して，体系的な研究は行われていなかったからでる。

検討にあたっては，インタンジブルズの戦略的管理の必要性を明らかにした。また，BSCによるインタンジブルの戦略目標への関連づけから，戦略目標タイプ，戦略テーマ・タイプ，企業価値タイプという3つのタイプに分類した。

　結果として，戦略目標タイプのインタンジブルズ評価では，因果関係で結果にある戦略目標を高めるようにポートフォリオを構築し，そのポートフォリオをレディネス評価することが有効である。戦略テーマ・タイプのインタンジブルズを評価するには，パフォーマンス・ドライバーを評価することが有効である。企業価値タイプのインタンジブルズの評価では，BSC全体で評価することが有効であることを明らかにした。また，BSCで評価する意義として，BSCによる評価によって戦略実行のアラインメントと戦略目標間のアラインメントを見直していくことが，結果として，創発戦略を支援し経営環境の変化に対応したインタンジブルズの構築に貢献する可能性があることを指摘した。また，インタンジブルズ評価は，コーポレート・レピュテーションのように，戦略目標タイプと戦略テーマ・タイプを包括して評価する企業価値タイプのインタンジブルズ評価が有効であると指摘した。

　第5章では，IT組織の戦略的役割を明らかにして，IT組織の戦略的業績評価システムを体系的に検討した。IT組織のマネジメントは研究が進んできたが，IT組織の戦略的役割に着目した戦略的業績評価システムを体系的には検討してこなかったからである。

　検討にあたっては，IT組織における戦略的役割を明らかにし，戦略整合モデルにおける戦略実行タイプ，戦略支援タイプ，業務革新タイプのIT組織の戦略的役割で，戦略的業績評価システムを検討した。

　結果として，戦略実行タイプでは，BSCによる戦略的業績評価システムが有効である。戦略支援タイプでは情報資産ポートフォリオによるレディネス評価が有効である。戦略支援タイプでは，リンケージ・スコアカード，SLA，機能戦略のBSCによる戦略的業績評価システムが有効であることを明らかにした。また，IT組織は，SLAを締結し評価することで，事業組織で現れる戦略的効果をIT組織が把握できると指摘した。

　第6章では，製品開発戦略における戦略的業績評価システムの役立ちを明ら

かにした。企業戦略，事業戦略，機能戦略を包括して戦略的業績評価システムを構築しなければならないからである。

　検討にあたっては，製品開発戦略における管理会計手法である原価企画を取り上げた。原価企画活動を戦略的に管理し，それぞれの関連組織間の連携を構築する必要があることを明らかにし，原価企画の関連組織間の戦略的業績評価システムを明らかにした。また，原価企画が，戦略実行のアラインメント，戦略目標間のアラインメント，組織間のアラインメントを確保する必要があることを明らかにした。

　結果として，戦略的業績評価システムには，原価企画活動に必要なアラインメントを構築する役割があることを明らかにした。つまり，アラインメント評価は組織間のアラインメントの構築に役立つ。BSCは戦略目標間のアラインメントと戦略実行のアラインメントの構築に役立つことである。他方で，アラインメント評価のアイディアは，企業戦略に限らず，組織間の連携の評価に役立つ。レディネス評価は，機能組織が管理する機能戦略で戦略目標間のアラインメントと戦略実行のアラインメントを構築する前提として行わなければならないことを明らかにした。

補論

補論　BSCと戦略的業績評価システム

はじめに

　本書では，BSC (Balanced Scorecard) を，戦略的業績評価システムとして位置づけている。しかし，BSCは，業績評価という役割だけではない。櫻井 (2004) は，BSCを，財務だけではなく，顧客関係，内部ビジネス・プロセスの改善，学習と成長という視点から，戦略マップを用いてビジョンと戦略の効果的な策定と実行を確保するとともに，報酬に連動させた戦略的業績評価システムとして，また経営の品質向上に資するなどの経営目的に役立てられる，戦略的マネジメント・システムと定義している。要するに，BSCは，戦略的業績評価だけでなく戦略の策定や実行にも役立つと考えられている。

　BSCを開発したキャプランとノートンは，初期のBSCを戦略的業績評価システムとして紹介した (Kaplan and Norton, 1992)。その後，キャプランとノートン (Kaplan and Norton, 2001) は，戦略実行のための戦略的マネジメント・システムであるとも指摘している。BSCは，論者や時代によってその定義に相違がみられる。

　補論では，BSCの概要と特徴を明らかにすることによって本書におけるBSCを明らかにする。また，本書では，戦略的業績評価システムと呼称するときには，第2章で明らかにしているように，3つの要件をすべて満たしていることを要件に呼称している。すなわち，3つの要件とは，①市場志向であること，②戦略コントロールを支援すること，③インターラクティブ・コントロール・システムとして成立することである。ここでは，BSCが，戦略的業績評価システムとしての3つの要件を満たすような業績評価システムであることも明らかにしたい。第1節では，BSCの概要を明らかにする。第2節では，BSCの特徴を明らかにする。第3節では，BSCと3つの要件との関係を明らかにし，最

後にまとめる。

1. バランスト・スコアカードの概要

BSCは，キャプラン (R. S. Kaplan) とノートン (D. P. Norton) によってハーバード・ビジネス・レビューで紹介された "The Balanced Scorecard — The measures that drive performance" で世に知られるようになった。このとき，BSCは，財務の視点，顧客の視点，内部ビジネス・プロセスの視点，イノベーションと学習の視点という4つの視点に基づく戦略的業績評価システムとして紹介された (Kaplan and Norton, 1992)。しかし，2001年に同じくキャプランとノートン (Kaplan and Norton, 2001) によって上梓された，*Strategic strategy-focused organization: how balanced scorecard companies thrive in the new environment* では，BSCは戦略的マネジメント・システムとして紹介され，今日まで至っている。

BSCのフレームワークは，図表 補1のある航空会社の事例で示したように，戦略マップ，BSCと戦略的実施項目 (戦略的イニシアティブ; strategic initiatives) からなる。戦略マップは，戦略を記述するための論理的で包括的なフレームワークである (Kaplan and Norton, 2001)。戦略マップでは，戦略テーマ，戦略目標，戦略目標間の因果関係を記述する。

戦略を記述するには，第1に，戦略テーマを明らかにする。戦略テーマとは，事業戦略に決定的に重要なプロセスである (Kaplan and Norton, 2004)。戦略テーマには，少なくとも4つのプロセスがある。すなわち，業務管理のプロセス，顧客管理のプロセス，イノベーションのプロセス，規制と社会のプロセスである。

業務管理のプロセスは，業務プロセスの改善によって効率性を高め，原価低減を行うためのプロセスである。顧客管理のプロセスは，顧客セグメントへの理解を深め，ターゲット顧客を絞り，効果的な価値提案を行うためのプロセスである。イノベーションのプロセスは，新製品やサービスを開発することによって持続的成長を確保するためのプロセスである。規制と社会のプロセス

は,規制および社会の期待に適合し,地域社会との結びつきを強めるためのプロセスである。

　第2に,戦略テーマに基づき,4つの視点で戦略目標を記述する。4つの視点とは,財務の視点,顧客の視点,内部プロセスの視点,学習と成長の視点である。戦略目標は,戦略を実現するために何をすべきかを明らかにする。

　第3に,戦略目標間の因果関係を構築する。図表 補1では,業務管理のプロセスである地上での折り返しという戦略テーマに基づいて,4つの視点それぞれに戦略目標を記述している。財務の視点では,利益とRONA (Return on Net Assets; 正味資産利益率)を高めることを戦略目標としている。利益とRONAを高めるという戦略目標を高めるために,収益増大と機体の減少という戦略目標を,収益増大のために,より多くの顧客を誘引し維持するという戦略目標が記述されている。

　第4に,戦略マップで記述された戦略目標が達成されているかを業績評価するために,BSCを作成する。BSCでは,戦略目標を評価するための尺度を設定する。尺度に対して目標値を設定する。アクション・プランでは,戦略目標を達成するための戦略的実施項目を明らかにする。戦略的実施項目の実行に必要な予算によって経営資源を割り当てる。

　図表 補1のように,業績評価のためのBSCでは,より多くの顧客を誘引し維持するという顧客の視点の戦略目標を測定するために,リピート客の割合や顧客数という尺度を設定し,目標値を設定している。また,より多くの顧客を誘引し維持するという戦略目標を達成するために戦略的なアクション・プランとしてCRMシステムの実施を採用し,そのための予算を割り当てることを記述している。

図表 補1　ある航空会社のBSC

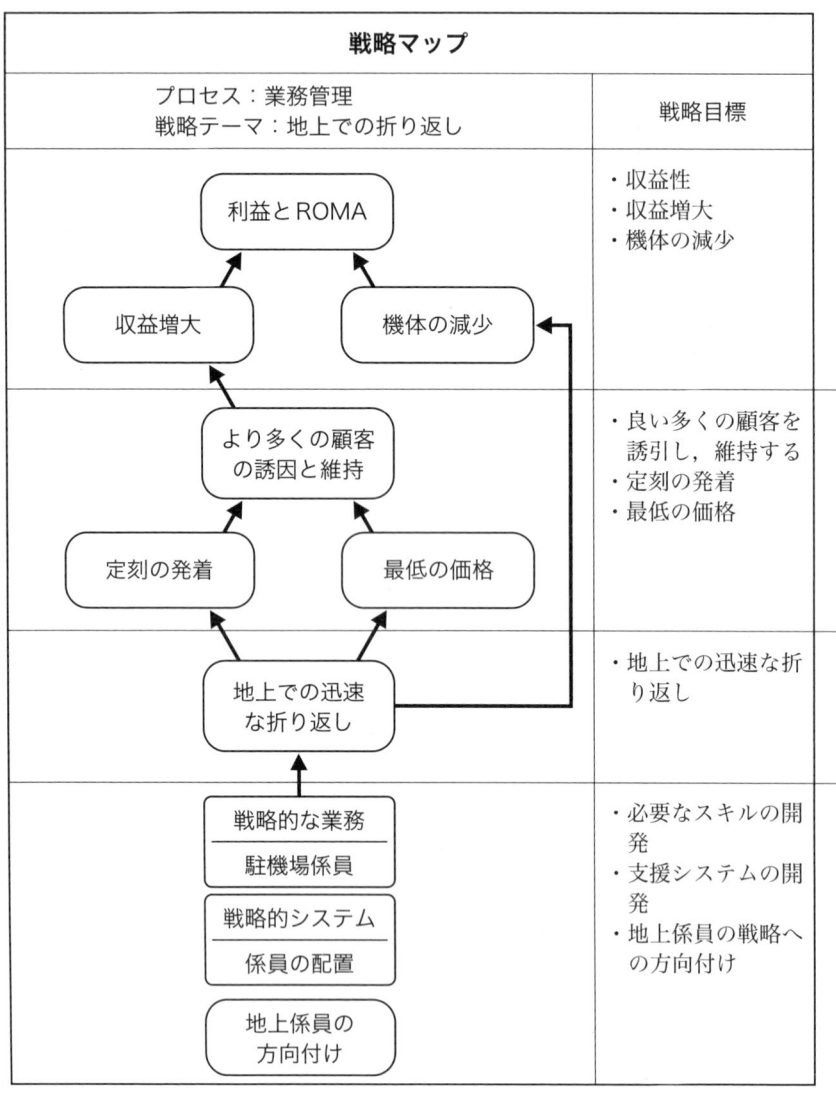

戦略マップ	
プロセス：業務管理 戦略テーマ：地上での折り返し	戦略目標
利益とROMA ← 収益増大／機体の減少	・収益性 ・収益増大 ・機体の減少
より多くの顧客の誘因と維持 ← 定刻の発着／最低の価格	・良い多くの顧客を誘引し，維持する ・定刻の発着 ・最低の価格
地上での迅速な折り返し	・地上での迅速な折り返し
戦略的な業務／駐機場係員 戦略的システム／係員の配置 地上係員の方向付け	・必要なスキルの開発 ・支援システムの開発 ・地上係員の戦略への方向付け

Kaplan and Norton（2004, p.53）より引用。

補論　BSCと戦略的業績評価システム

BSC		戦略的実施項目	
尺　度	目標値	実施項目	予　算
・市場価値 ・座席の収益 ・機体のリース費用	・毎年30％増 ・毎年20％増 ・毎年5％増		
・リピート客数 ・顧客数 ・FAA定刻到着 ・顧客のランキング	・70％ ・毎年12％増 ・第1位 ・第1位	・CRMシステム実施 ・品質管理 ・顧客ロイヤルティ・プログラム	・＄XXX ・＄XXX ・＄XXX
・地上滞在時間 ・定刻出発	・30分 ・90％	・サイクルタイムの最大活用	・＄XXX
・戦略業務のレディネス ・情報システムの利用可能性 ・戦略意識 ・地上係員の持株者数の割合	・1年目70％ ・2年目90％ ・3年目100％ ・100％ ・100％	・地上係員の訓練 ・係員配置システムの始動 ・コミュニケーションプログラム ・従業員持株制度	・＄XXX ・＄XXX ・＄XXX ・＄XXX
		予算総額	＄XXX

2. BSCの特徴

　初期のBSCは，多目標による戦略的業績評価システムの役割が強調されてきた。しかし，今日では，戦略実行のシステムとしての側面が強調されるようになってきている（櫻井，2004）。

　初期のBSCは，短期的な財務尺度だけでなく，非財務尺度も業績評価に取り入れた多目標による評価に焦点を置いていた。短期的な業績と長期的な業績のバランスをとるためである（Kaplan and Norton, 1992）。しかし，多目標による評価はGE社の8つの鍵（Eight Key Result Areas）のように古くからある（伊藤ら，1999；櫻井，2004）。多目標による評価という業績評価という点でみれば，初期のBSCの特筆すべき特徴を見出すことは難しい。むしろ，その後になって，BSCが，戦略的マネジメント・システムとして認識されるようになって，今日的なBSCの特徴が明確になった。ここでは，今日的なBSCの4つの特徴を明らかにする。

　第1の特徴は，戦略マップで戦略を可視化できることである。戦略目標間や指標間の因果関係をとらえることができる。因果関係を構築することによって，パフォーマンス・ドライバーを明らかにすることができる。パフォーマンス・ドライバーとは，財務業績のような成果を高めるための要因である。財務業績は，活動の成果であって財務業績を直接向上させることはできない。財務業績を向上させるためには，その要因となるパフォーマンス・ドライバーを管理することが持続的な財務業績の向上にとって重要である。

　第2の特徴は，BSCを通して戦略の仮説検証を行うことによって，ダブル・ループの学習ができることである（Kaplan and Norton, 2001；伊藤，2007；櫻井，2008）。アージリス（Argyris, 1977；2002）によれば，ダブル・ループの学習とは，行動の前提となっている支配的変数に目を向け修正する学習である。BSCは，支配的変数である戦略に目を向けて，戦略を仮説検証し修正するというダブル・ループの学習を支援する。業務活動がうまくいかなかった場合の修正は，戦略にまで及ぶ。

第3の特徴は，インターラクティブ・コントロール・システムとして利用できることである（Kaplan and Norton, 2001）。インターラクティブ・コントロール・システムとは，経営者が部下の意思決定活動に経営者自身を密接に関与させるために利用する公式的な情報システムである（Simons, 1995）。不確実性の高い経営環境では，意図した戦略が期待通りに実現できるとは限らないため，組織全体で形成される創発戦略が重要となる。インターラクティブ・コントロール・システムのためには，組織全体で継続的な機会探索活動を動機づけ，重大な変化を継続して測定し，報告できるような情報ネットワークを構築し情報共有を行う必要がある（Simons, 1995）。BSCの継続的な利用は，組織内における対話を促進し情報共有することを可能にする。

　第4の特徴は，インタンジブルズの管理に役立つことである。インタンジブルズが，企業価値に与える影響が大きくなるにつれ，インタンジブルズを管理するための手段としてBSCが注目されている。たとえば，キャプランとノートン（Kaplan and Norton, 2004）では，インタンジブルズとして，人的資産，組織資産，情報資産を取り上げ，その評価についてレディネス（readiness）という概念を用いて明らかにしている。

3. 戦略的業績評価システムとしてのBSC

　本書では，戦略的業績評価システムを，3つの要件を満たした業績評価システムと考えている。3つの要件とは，①市場志向であること，②戦略コントロールを支援すること，③インターラクティブ・コントロール・システムとして成立することである。本節では，BSCが，3つの要件とどのように関係しているのかを順に検討する。

3.1　市場志向のBSC

　BSCは，当初から，4つの視点の中に顧客の視点を設定していることや戦略テーマの中に顧客管理のプロセスを取り上げていることから，顧客という市場

志向性を持った業績評価システムであるといえる。しかし，顧客の視点を設定するだけでは，十分でない。市場などの外部環境に対して，社内のマネジメント・プロセスや能力といった自社内の有形・無形の経営資源が適合することによって市場に効果的な製品やサービスが提供されなければならない（伊丹，2004）。外部環境に対して，自社内の経営資源が適合していることを考慮する必要がある。

BSCを戦略目標間の因果関係でみると，学習と成長の視点や内部プロセスの視点の戦略目標を高めることによって，顧客の視点の戦略目標が高まるという因果関係を構築する。つまり，顧客に適合するように経営資源やマネジメント・プロセスを構築することが意図されていると考えられる。したがって，BSCが，外部環境に対する自社内の経営資源の適合性を業績評価しているといえる。

3.2 戦略コントロールのためのBSC

不確実性の高い経営環境において，戦略を所与とせず仮説検証を通じて戦略を修正するための戦略コントロールが重要である。戦略コントロールのためには，業績が戦略に結びつけられていなければならない。戦略的業績評価システムは，業績を戦略に結びつけて業績評価することができる。業績評価するには，その評価対象を明確にする必要がある（Merchant and Van der Stede, 2003）。

BSCでは，戦略マップに戦略を記述し戦略を明確にすることができる。また，BSCを通して，戦略マップに記述された戦略目標に対して尺度，目標値を設定し，戦略マップに記述された戦略がどのような状態なのかを測定することができる。つまり，BSCでは，目標値に対する実績値を測定することで，戦略の達成度を測定できるとともに，戦略を修正し，戦略をコントロールできる。

3.3 インターラクティブ・コントロール・システムとしてのBSC

BSCは，インターラクティブ・コントロール・システムとして利用できる (Kaplan and Norton, 2001)。サイモンズ (Simons, 1995) によれば，コントロール・システムが，インターラクティブ・コントロール・システムとなるかどうかは，その使い方によって決定されるとしている。インターラクティブ・コントロール・システムとして使われるためには，次の4つの条件を満たすことが求められる (Simons, 2000)。すなわち，情報が簡単に理解できること，戦略の不確実性に関する情報を提供すること，組織のあらゆるレベルで使われること，新しいアクション・プランを生み出すことである。

BSCでは，戦略を戦略マップに記述することによって，戦略を簡潔に理解することができるとともに，組織内で戦略に関するコミュニケーションを促す (Kaplan and Norton, 2001)。また，BSCで戦略実行による実績値を監視することができる。さらに，目標値と実績値とのギャップを埋めるためのアクションプランを明らかにすることができる。以上のように，BSCには，戦略に関連して情報を測定し伝達する役割があり，インターラクティブ・コントロール・システムとして利用できる。

まとめ

補論では，BSCの概要とその特徴を明らかにした。BSCは，戦略的業績評価システムとしてだけでなく，戦略の策定や実行にも役立つマネジメント・コントロール・システムである。BSCには，少なくとも4つの特徴があるといえる。

第1の特徴として，戦略マップを通して戦略を可視化することができることである。第2に，BSCを通して戦略の仮説検証を行うことによって，ダブル・ループの学習ができることである。第3に，BSCは，インターラクティブ・コントロール・システムとして成立することである。第4に，BSCはインタンジブルズの管理に役立つことである。

BSCの特徴から，BSCは，市場志向の業績評価システム，②戦略コントロールのための業績評価システム，③インターラクティブ・コントロール・システムが成り立つ業績評価システムという3つの要件を満たしている。したがって，本書では，BSCを戦略的業績評価システムとして位置づけることができると考えている。

主要参考文献

Ansoff, H. I. (1965) *Corporate Strategy: An Analytic Approach to Business Policy for Grow and Expansion*, McGraw-Hill（広田寿亮（1969）『企業戦略論』産業能率出版）.
Anthony, R. N. (1965) *Planning and Control Systems: Framework for Analysis*, Graduate School of Business Administration, Harvard University, pp.16-18（高橋吉之助訳（1967）『経営管理システムの基礎』ダイヤモンド社）.
Argyris, C. (1977) "Double loop learning in Organization," *Harvard Business Review*, September-October, pp. 115-125.
Argyris, C. (2002) "Double-Loop Learning, Teaching and Researching," *Academy of Management Learning and Education*, Vol.1, No.2, pp.206-218.
Authur, B. W. (1996) "Increasing Return and the New World Business," *Harvard Business Reviews*, July-August, pp.100-109.
Banker, R. D., H. Chang and M. J. Pizzini (2004) "The balanced scorecard: Judgmental effects of performance measures linked to strategy." *The Accounting Review*, January, pp.1-23.
Balkcom, J. E., C. D. Ittner and D. F. Larcker (1997) "Strategic performance measurement: Lessons learned and future directions," *Journal of Strategic Performance Measurement*, vol.1, No.2, pp.22-32.
Barney, J. B. (1997) *Gaining and Sustaining Competitive Advantage*, Upper Saddle River, Pearson Prentice Hall.
Barney, L. and S. K. Widener (2007) "Strategic performance measurement systems, job-relevant information, and managerial behavioral responses — Role stress and performance," *Behavioral Research In Accounting*, vol.19, pp.43-69.
Blair, M. M. and S. M. H. Wallman (2001), *Unseen wealth: report of the Task Force on Intangibles*, The Brookings Institution（広瀬義州他訳（2002）『ブランド価値評価入門・見えざる富の創造』中央経済社）.
Bryant, L., D. A. Jones and S. K. Widener (2004) "Managing Value Creation within the Firm: An Examination of Multiple Performance Measures," *Journal of Management Accounting Review*, vol. 16, pp.107-131.

Carter, D. E. and D. S. Baker (1992) *Concurrent Engineering — The Product Development for the 1990s*, Addison-Wesley (末次逸夫・大久保浩監訳 (1992)『コンカレント・エンジニアリング』日本能率協会マネジメントセンター).

Chandler, A. D. Jr. (1964) *Strategy and Structure: chapters in the History of American Industrial Enterprise*, The MIT Press (有賀裕子訳『組織は戦略に従う』ダイヤモンド社).

Chenhall, R. H. (2003) "Management Control Systems design within its organizational context: findings from contingency-based research and directions for the future," *Accounting Organization and Society*, vol.28, pp.127-168.

Chenhall, R. H. (2005) "Integrative strategic performance measurement systems, strategic alignment of manufacturing, learning and strategic outcomes: An exploratory study," *Accounting, Organizations, and Society*. Vol.30, No.5, pp.395-422.

Christensen, M. C. (1997) *The Innovation's Dilemma*, Harvard Business Press, pp.1-55 (玉田俊平太監訳, 伊豆原弓訳 (2001)『イノベーションのジレンマ』翔泳社).

Christensen, M. C. and M. E. Reynor (2003) *The Innovation's Solutions*, Harvard Business Press (玉田俊平太監訳, 櫻井祐子訳 (2003)『イノベーションへの解』翔泳社).

Chakravarthy, B. S. (1985) "Measuring strategic performance," *Strategic Management Journal*, July, pp.437-457.

Collis, D. J. and C. A. Montgomery (1998) *Corporate Strategy: A Resource-Based Approach*, HyperCollis (根来龍之, 蛭田啓, 久保亮一 (2004)『資源ベースの経営戦略論』東洋経済新報社).

Collison, J. and C. Frangos (2002) *Aligning HR with Organization Strategy Survey*, Balanced Scorecard Collaborative.

Edvinsson, L and M. S. Malone (1997) *Intellectual Capital: Realizing Your Company's True Value by Finding Its Hidden Brainpower*, HyperCollis, pp. 68-69 (高橋透訳 (1999)『インテレクチュアル・キャピタル——企業の知力を測るナレッジ・マネジメントの新財務指標』日本能率協会マネジメントセンター).

Fombrun, C. J. and C. B. M. Van Reel (2004) *Fame and Fortune: How Successful Companies Build Winning Reputations*, Pearson Education, Inc. (花堂靖仁監訳 (2005)『コーポレート・レピュテーション』東洋経済新報社).

Freble, J. F. (1992) "Towards a comprehensive system of strategic control," *Journal of Management Studies*, Vol.29, No.4, July, pp.391-409.

Galbraith, J. R. (1973) *Designing Complex Organizations*, Addison-Wsley (梅津祐良訳

参考文献

『横断的組織の設計』ダイヤモンド社).
Galbraith, J. R. and R. K. Kazanjian (1986) *Strategy implementation: structure, systems, and process*, 2nd ed., West Publishing, pp.1-11.
Goold, M. and A. Campbell (1998) "Desperately Seeking Synergy," *Harvard Business Review*, September-October, pp.131-143 (西尚久訳 (2002)「シナジー幻想の罠」『Diamondハーバード・ビジネス・レビュー』8月号).
Hannington, T. (2004) *How to Measure and Manage Your Corporate Reputation*, Gower Publishing Company (櫻井通晴・伊藤和憲・大柳康司監訳 (2005),『コーポレート・レピュテーション』ダイヤモンド社).
Haspeslagh, P. (1982) "Portfolio Planning: Uses and Limits," *Harvard Business Review*, January-February, pp.58-73 (「ポートフォリオ・プランニング その活用と限界」DHB, May-June, 1982年).
Henderson, J. C. and N. Venkatraman (1993) "Strategic alignment: Leveraging information technology for trans forming organization," *IBM System Journal*, vol.32, No.1, pp.72-84.
Hope, J. and R. Fraser (2003) *Beyond Budgeting*, Harvard Business School Press (清水孝監訳 (2005)『脱予算経営』生産性出版).
Hoque, Z. and W. James (2000) "Linking Balanced Scorecard Measure to Size and Market Factors: Impact on Organization Performance," *Journal of Management Accounting Research*, vol.12, pp1-17.
Ittner, C. D. and D. F. Larker (1998) "Are nonfinancial measures leading indicators of financial performance? An analysis of customer satisfaction," *Journal of Accounting Research*, vol.36, pp.1-46.
Ittner, C. D. and D. F. Larcker (2001) "Assessing empirical research in managerial accounting: A value-based management perspective," *Journal of Accounting and Economics*, December, pp.349-410.
Ittner, D. C, D. F. Larcker and M. Meyer (2003) "Subjectivity and the Weighting of Performance Measures: Evidence from a Balanced Scorecard," *The Accounting Review*, Vol.78, No.3, pp.725-758.
Ittner, C. D., D. F. Larcker and T. Randall (2003) "Performance implications of strategic performance measurement in financial services firms," *Accounting, Organizations and Society*, vol.28, pp.715-741.
Johnson, H. T. and Kaplan, R. S. (1987) *Relevance Lost-The Rise and Fall of Management Accounting*, Boston, MA: Harvard Business School Press (鳥居宏史訳 (1992)『レ

145

レバンス・ロスト:管理会計の盛衰』白桃書房).
Kaplan, R. S. (1998) "Innovation Action Research: Creating New Management Theory and Practice," *Journal of Management Accounting Review*, Vol.10, pp. 89-118.
Kaplan, R. S. (2005) "How the balanced scorecard complements the McKinsey 7-S model," *Strategy & Leadership*, vol.33, No.3. pp.41-46.
Kaplan, R. S. and D. P. Norton (1992) "The Balanced Scorecard—Measures that Drive Performance," *Harvard Business Review*, Jan.-Feb. (本田桂子訳「新しい経営指標"バランスド・スコアカード"」『Diamondハーバードビジネス』pp.81-90).
Kaplan, R. S. and D. P. Norton (1996) *The Balanced Scorecar: Translating Strategy Into Action*, Harvard Business School Press (吉川武男訳 (1997)『バランス・スコアカード～新しい経営指標による企業変革～』生産性出版).
Kaplan, R. S. and D. P. Norton (1999) "The Building a Strategy-Focused Organization," *Balanced Scorecard Report*, vol.1, No.1, p.1.
Kaplan, R. S. and D. P. Norton (2001) *The Strategy-focused organization*, Harvard Business School Press, pp.191-209 (櫻井通晴監訳 (2001)『戦略バランスト・スコアカード』東洋経済新報社).
Kaplan, R. S. and D. P. Norton (2004) *Strategy Maps: converting intangible assets into tangible outcomes*, Harvard Business School Press (櫻井通晴・伊藤和憲・長谷川惠一監訳 (2005)『戦略マップ——バランスト・スコアカードの新・戦略実行フレームワーク』ランダムハウス講談社).
Kaplan, R. S. and D. P. Norton (2006) *Alignment*, Harvard Business School Press (櫻井通晴・伊藤和憲監訳 (2007)『BSCによるシナジー戦略——組織のアラインメントに向けて』ランダムハウス講談社).
Kaplan, R. S. and D. P. Norton (2008) *The Execution Premium: linking strategy to operations for competitive advantage*, Harvard Business School Press (櫻井通晴・伊藤和憲監訳 (2009)『バランスト・スコアカードによる戦略実行のプレミアム』東洋経済新報社).
Keller, K. L. (1998) *Strategic Brand Management, Building, Measuring, and Managing Brand Equity*, Prentice Hall, pp.500-549 (恩蔵直人・亀井昭宏訳 (2000),『戦略的ブランド・マネジメント』東急エージェンシー).
Kim, W. C. and R. Mauborgne (2005) *Blue Ocean Strategy*, Harvard Business School Press (有賀裕子訳 (2005)『ブルー・オーシャン戦略』ランダムハウス講談社).
King, W. R. (1978) "Strategic Planning for management information systems," *MIS Quarterly*, vol.2, pp.27-37.

参考文献

Lev, B. (2001) *INTANGIBLE: Management, Measurement, Reporting*, The Brooking Institution (広瀬義州・桜井久勝監訳 (2002)『ブランドの経営と会計』東洋経済新報社).

Mintzberg, H. (1994) *The Rise and Fall of Strategic Planning*, The Free Press (中村元一監訳 (1996)『戦略計画——創造的破壊の時代』産業能率大学出版部).

Mintzberg, H., B. Ahlstrand and J. Lampel (1998) *Strategy Safari*, The Free Press (齋藤嘉則監訳 (1999)『戦略サファリ』東洋経済新報社).

Merchant, K. A. and W. A. Van der Stede (2003) *Management Control Systems—Performance Measurement, Evaluation and Incentives*, Prentice Hall, pp.26-29.

Niven, P. R. (2002) *Balances Scorecard Step by Step: Maximizing Performance and Maintaining Results*, John Wiley & Sons, Inc. (松原恭司郎訳 (2004)『ステップ・バイ・ステップバランス・スコアカード経営』中央経済社).

Nørreklit, H. (2003) "The Balance on the Balanced Scorecard: A Critical Analysis of Some of the its Assumptions," *Accounting Organizations and Society*, Vol.28, No.5, pp.591-619.

Peters, T. J. and R. H. Waterman, Jr. (1982) *In search of excellence: lessons from America's Best-run companies*, Harper & Row (大前研一訳 (1983)『エクセレント・カンパニー』講談社).

Porter, M. E. (1997) "From Competitive Advantage to Corporate Strategy," *Harvard Business Review*, May-June, pp.43-59 (土岐坤訳 (1997)「競争優位戦略から総合戦略へ」『Diamondハーバード・ビジネス・レビュー』8-9月号).

Porter, M. E. (1996) "What is Strategy," *Harvard Business Review*, November-December, pp.64-78.

Rumelt, R. P. (1974) *Strategy Structure and Economic Performance*, Harvard University Press (鳥羽欽一郎・山田正喜子・川辺信雄・熊沢孝訳 (1977)『多角化戦略と経済成果』東洋経済新報社).

Simons, R. (1987) "Accounting Control System and Business Strategy: An Empirical Analysis," *Accounting, Organizations and Society*, Vol.12, No.4, pp.347-357.

Simons, R. (1995) *Levers of Control: How Managers Use Innovative Control Systems to Drive Strategic Renewal*, Harvard Business School Press, pp.1-11, 59-124 (中村元一・黒田哲彦・浦島史恵 (1998)『ハーバード流「21世紀経営」4つのコントロール・レバー』産業能率大学出版部).

Simons, R. (2000) *Performance Measurement & Control Systems for Implementing Strategy*, Prentice Hal, pp.207-229 (伊藤邦雄監訳 (2003)『戦略評価の経営学:戦

147

略の実行を支える業績評価と会計システム』ダイヤモンド社).
Schreyogg, G. and H. Steinmann (1987) "Strategic control: a new perspective," *Academy of Management review*, 12-1, pp.91-103.
Silk, S. (1998) "Automating the Balanced Scorecard," *Management Accounting*, May.
Souissi, M. and K. Ito (2004) "Integrating Target Costing and the Balanced Scorecard," *The Journal of Corporate Accounting & Finance*, pp.57-62.
Sullivan, P. H. (2000) *Value-Driven Intellectual Capital: How to Convert Intangible Corporate Assets into Market Value*, John Willey & Sons (水谷孝三訳 (2002)『知的経営の神髄――知的資本を資本市場に転換させる方法』東洋経済新報社).
Miles, R. E. and C. C. Snow (1978) *Organizational Strategy, Structure, and Process*, McGraw-Hill.
Rucci, A. J. and S. P. Kirn and R. T. Quinn (1998) "The employee-customer-profit chain at Sears," *Harvard Business Review* (January-February), pp.82-97.
Waterman, R. H, Jr., T. J. Peters, and J. R. Phillips (1980) "Structure Is Not Organization," *Business Horizons*, June, pp.14-26.
Wrigley, L. (1970) *Divisional Autonomy and Diversification*. Doctoral dissertation, Harvard Business School.

有賀將雄 (1996)「キヤノンの原価企画」『企業会計』Vol.48, No.11, pp.47-55.
伊丹敬之 (2004)『経営戦略の論理 (第3版)』日本経済新聞社。
伊藤和憲 (2003)「ブランド・マネジメントのBSC」『玉川大学工学部紀要』No.38, pp.57-64.
伊藤和憲 (2007)『ケーススタディ 戦略の管理会計――新たなマネジメント・システムの構築』中央経済社。
伊藤和憲・香取徹・松村広志・渡辺康夫 (1999)『キャッシュ・フロー管理会計』中央経済社, pp.165-167.
川嶋正人 (1996)「日産自動車の原価企画」『企業会計』Vol.48, No.11, pp.56-63.
木村麻子 (2003)「企業価値創造のための知的資産管理――プロセス指向の管理会計システムにむけて」『企業会計』Vol.55, No.9, pp.125-130.
小酒井正和 (2008)『BSCによる戦略志向のITマネジメント』白桃書房, pp.1-16.
小林哲夫 (2000)「BSCと戦略的マネジメント」『會計』第158巻, 第5号, pp.1-13.
小林哲夫 (2001)「相互依存関係のマネジメントと管理会計の変革」『企業会計』Vol.53, No.3, pp.4-11.
櫻井通晴 (2004)「バランスト・スコアカードの起源」『會計』第166巻, 第1号, pp.1-16.

参考文献

櫻井通晴（2005）『コーポレート・レピュテーション』中央経済社。
櫻井通晴（2006）『ソフトウエア管理会計（第2版）――IT戦略マネジメントの構築――』白桃書房, pp.389, 395-396.
櫻井通晴（2008）『バランスト・スコアカード――理論とケース・スタディ――』同文舘, pp.71-91.
櫻井通晴（2009）『管理会計（第4版）』同文舘出版, pp.45-52.
坂口順也・河合隆治（2005）「組織間マネジメントにおけるサプライヤーからの情報収集」『會計』pp.69-80.
佐藤亀雄・武田憲勝（1996）「ゼクセルの原価企画」『企業会計』Vol.48, No.11, pp.73-81.
柴田典男・熊田靖久（1988）「わが国企業の予算管理制度――実態調査と今後の課題」『企業会計』vol.40, no.4, pp.81-89.
清水信匡（1997）「コンカレント・エンジニアリングによる製品開発における原価低減」『製品開発のコスト・マネジメント――原価企画からコンカレント・エンジニアリングは――』谷武幸編, 中央経済社, pp.123-136.
情報処理推進機構（2003）『情報システムに係る政府調達へのSLA導入ガイドライン』経済産業省.
園田智明（2006）『シェアードサービスの管理会計』中央経済社, pp.1-54.
田坂公（2007）「CSRを配慮した原価企画」『企業価値創造の管理会計』櫻井通晴・伊藤和憲編, 同文舘出版, pp.255-267.
谷武幸（1992）「原価企画におけるインターラクティブ・コントロール」『国民経済雑誌』第165巻6号, pp.19-38.
谷武幸編（2004）『成功する管理会計システム――その導入と進化』中央経済社。
廣本敏郎（1986）「わが国製造企業の管理会計」『ビジネス・レビュー』第33巻4号, pp.64-77.
廣本敏郎（1993）『米国管理会計論発達史』森山書店。
廣本敏郎（2004）「戦略的管理会計論――伝統的管理会計論との対比――」『管理会計学』第12巻, 第2号, pp.3-18.
伏見多美雄（2001）「戦略経営時代のマネジメント・コントロール・システム伝統的MCS論の限界と新たな課題」『企業会計』Vol.53, No.5, pp.18-26.
溝口一雄（1967），黒澤清編（1967）『責任会計』日本経営出版会, pp.5-21.
横田絵里（1998）『フラット化組織の管理と心理――変化の時代のマネジメント・コントロール・システム』慶應義塾大学出版会。
横田絵里（2000）「業績測定・評価と報酬システム――日本企業における成果主義への動きについての一考察――」『管理会計学』第12巻, 第2号, pp.51-67.

奥　倫　陽（おく　のりあき）
東京国際大学商学部専任講師

1979年　広島県に生まれる
2003年　玉川大学工学部経営工学科卒業
2005年　玉川大学大学院工学研究科機械工学専攻
　　　　修士課程修了　修士（工学）
2008年　専修大学大学院商学研究科助手
2009年　専修大学大学院商学研究科商学専攻
　　　　博士後期課程修了　博士（商学）
現　在　東京国際大学商学部会計ファイナンス学科専任講師

戦略の業績評価システム

2010年2月10日　第1版第1刷

著　者　　奥　　倫　陽

発行者　　渡辺　政春

発行所　　専修大学出版局
　　　　　〒101-0051　東京都千代田区神田神保町3-8
　　　　　　　　　　　　（株）専大センチュリー内
　　　　　電話　03-3263-4230（代）

組　版　　有限会社エスタリオル
印　刷
製　本　　藤原印刷株式会社

Ⓒ Noriaki Oku 2010　Printed in Japan
ISBN 978-4-88125-232-1